1503

Direitos Fundamentais Sociais e Relações Privadas

O CASO DO DIREITO À SAÚDE NA CONSTITUIÇÃO BRASILEIRA DE 1988

M425d   Mateus, Cibele Gralha

Direitos fundamentais sociais e relações privadas: o caso do direito à saúde na Constituição brasileira de 1988 / Cibele Gralha Mateus. -- Porto Alegre: Livraria do Advogado Editora, 2008.

162 p.; 23 cm.

ISBN 978-85-7348-558-5

1. Direito à saúde. 2. Direitos econômicos e sociais. 3. Direitos e garantias individuais. I. Título.

CDU – 342.7

Índices para o catálogo sistemático:

Direitos e garantias individuais   342.7
Direitos econômicos e sociais   342.7
Direito à saúde   342.7

(Bibliotecária responsável: Marta Roberto, CRB-10/652)

CIBELE GRALHA MATEUS

Direitos Fundamentais Sociais e Relações Privadas

O CASO DO DIREITO À SAÚDE NA CONSTITUIÇÃO BRASILEIRA DE 1988

Porto Alegre, 2008

© Cibele Gralha Mateus, 2008

Capa, projeto gráfico e diagramação
Livraria do Advogado Editora

Revisão
Rosane Marques Borba

Direitos desta edição reservados por
Livraria do Advogado Editora Ltda.
Rua Riachuelo, 1338
90010-273 Porto Alegre RS
Fone/fax: 0800-51-7522
editora@livrariadoadvogado.com.br
www.doadvogado.com.br

Impresso no Brasil / Printed in Brazil

Aos meus pais e minhas irmãs,
pelo amor e apoio incondicional

Agradecimentos

Escrever um trabalho científico é uma atividade que exige muito tempo dedicado ao estudo, leitura, escrita, correções, revisões, momentos sozinhos. Considerando-se que o presente trabalho originou-se de minha dissertação de mestrado, imperioso agradecer ao meu orientador, Dr. Ingo Wolfgang Sarlet que, através de uma orientação firme, direcionada, incentivadora e séria, colaborou não apenas na construção deste trabalho como também para que eu não sucumbisse, visto que diversas são as abdicações no percurso que nos leva até conclusão da obra.

Agradeço às minhas amigas, Cristina Hugo, Karine Demoliner, Cláudia Cittolin, Patrícia Souza, Luciana Zanetti, Fernanda Janoni, Vivian Rigo, Ana Laura Poitevin, Gabriela Sanmarco, Selma Petterle, Fernanda Medeiros pela compreensão, pela confiança, pelo incentivo. A Vanessa Casarin Schütz, ainda, por ter assumido responsabilidades no escritório que eram minhas para que eu pudesse não apenas escrever o presente trabalho, como também realizar o curso de mestrado.

Aos colegas, Marcelo Duque, Pedro Aleixo e Marcelo Sgarbossa, pelo material emprestado e que fora de muita valia.

Aos colegas de mestrado e do grupo de pesquisa NEDF, pelas discussões, pelo crescimento intelectual, pela oportunidade de interagir com pessoas e profissionais tão dedicados ao estudo do direito.

Aos colegas e funcionários da Comissão de Estágio e Exame de Ordem da OAB/RS por terem compreendido a minha ausência quando da consecução do presente trabalho.

Agradecimentos cabem, ainda, ao Dr. Carlos Alberto Molinaro, pelas preciosas e sempre atenciosas sugestões e críticas feitas que somente vieram a agregar qualidade a este trabalho.

Não posso deixar de destacar o trabalho dos professores e demais funcionários do programa de pós-graduação em direito da PUC, profissionais dedicados e qualificados cujo convívio foi deveras incentivador.

Sob pena de grave omissão, agradeço aos Drs. José Luis Bolzan de Morais e Eugênio Facchini Neto por terem me honrado ao participar da minha banca de mestrado e pelas observações e críticas feitas, que muito colaboraram no aperfeiçoamento deste trabalho.

Por fim, agradeço à Livraria do Advogado Editora.

A todos, o meu muito obrigado. Sem vocês, nada disso teria sido possível.

"Cada um é responsável por todos. Cada um é o único responsável. Cada um é o único responsável por todos."

Saint - Exupéry

Prefácio

Embora o tema da eficácia dos direitos fundamentais na esfera das relações entre particulares, habitual e equivocadamente referido a uma eficácia "horizontal", não tenha mais, mesmo no Brasil, o sabor de novidade que ainda tinha no limiar do Século XXI, quando eu mesmo arrisquei tecer algumas considerações a respeito da problemática (v. o texto citado pela autora), certo é que a falta de novidade do tema nunca significou falta de atualidade e relevância. Assim, é com satisfação e alegria que aceitei a missão de, ainda que de modo propositalmente sumário, redigir o prefácio da obra de Cibele Gralha Mateus, versando sobre o tema dos direitos fundamentais nas relações privadas, com ênfase na análise do caso do direito à saúde. A satisfação decorre não apenas do tema, que me é muito caro, mas também pelo fato de se tratar também da dissertação de Mestrado defendida pela autora no âmbito do Programa de Pós-Graduação em Direito da PUCRS. A alegria que compartilho com a autora é no sentido de poder ser partícipe ativo no processo de publicização de seu trabalho, ainda que este, como qualquer livro, aliás, não poderia ter a pretensão de ser um trabalho perfeito e acabado. A pesquisa bibliográfica efetuada pela autora, por si só, atesta a sua seriedade e honestidade intelectual, visto que foram consideradas as principais contribuições da doutrina, especialmente nacional, sobre o tema, recuperando o pensamento dos autores que pontificam na área, sem deixar de produzir um pensamento autônomo, posicionando-se de forma crítica a respeito dos diversos argumentos esgrimidos pela doutrina, sem deixar de explicitar seu próprio pensamento. Além disso, embora o tema não seja novo, como já referido, a discussão da eficácia dos direitos sociais na esfera das relações privadas não havia merecido, até o momento, uma produção monográfica nacional específica, o que evidentemente não quer dizer que tal aspecto não tenha sido já discutido. A opção pela delimitação do objeto da investigação, que priorizou o problema da eficácia do direito à saúde nas relações entre particulares, foi particularmente feliz, pois a despeito de não se tratar do único direito social relevante também na esfera privada, é certamente o contexto no qual mais se evidenciam os agudos problemas que a matéria envolve, designadamente no que concerne a um direito a prestações na área da saúde e a possibilidade de sua exigibilidade, para além dos limites contratuais, em face das empresas de planos de saúde. A obra, como uma breve mirada sobre o sumário já atesta, transita pelas questões centrais que dizem respeito ao tema e investe, como também já o fiz, na tese de que uma eficácia direta dos direitos fundamentais, inclusive dos direitos sociais, no âmbito das relações entre atores privados, somente poderá ser uma eficácia *prima facie*, sujeita, na corretíssima visão de Gomes Canotilho, a uma metódica diferenciada. A autora avança a partir desses marcos e concretiza tais premissas de modo absolutamente adequado na esfera do direito à saúde, à luz de exemplos e sempre reforçando a noção de que a máxima eficácia e efetividade dos direitos fundamentais não será levada efetivamente a sério se tal eficácia e efetividade ficarem restritas ao domínio dos poderes públicos. A eficácia social dos direitos fundamentais, portanto, dependerá sempre de uma confluência entre a vinculação dos órgãos estatais e dos particulares, no contexto de uma tutela isenta de lacunas e que, por sua vez, dialogue com a dupla dimensão objetiva e subjetiva, assim como com a dupla função positiva e negativa de todos os direitos fundamentais.

Por tudo isso, almejamos que a autora tenha pleno êxito com o seu primeiro trabalho monográfico publicado e que siga trilhando o caminho da ética na pesquisa e do permanente aperfeiçoamento, pois assim certamente haverá de lançar outras obras. A Livraria do Advogado Editora, por sua vez, está de parabéns por seguir investindo na sua tradição de apostar em jovens autores e em temas que merecem contínua publicidade.

Porto Alegre, abril de 2008.

Prof. Dr. Ingo Wolfgang Sarlet

Sumário

Introdução 15

Primeira Parte
DIREITOS FUNDAMENTAIS SOCIAIS

1. Conteúdo e significado dos direitos fundamentais 19

   1.1. Direitos humanos e direitos fundamentais 19

   1.2. Fundamentalidade formal e material 24

2. Direitos sociais como direitos fundamentais 29

   2.1. Evolução histórica 29

      2.1.1. Introdução 29

      2.1.2. Das origens ao estado democrático de direito 30

      2.1.3. Plano constitucional brasileiro 43

   2.2. Fundamentação e fundamentalidade dos direitos sociais na
      Constituição brasileira de 1988 49

      2.2.1. Conceito de direitos sociais 49

      2.2.2. Teses sobre a fundamentalidade dos direitos sociais 53

         2.2.2.1. Negativa de fundamentalidade 53

         2.2.2.2. Defesa da fundamentalidade 57

      2.2.3. Dimensão objetiva e dimensão subjetiva dos direitos sociais 60

   2.3. Do direito à saúde como direito fundamental social 65

      2.3.1. Conteúdo e significado a partir da Constituição Federal de 1988 65

      2.3.2. O direito à saúde e a sua dimensão positiva e negativa 71

Segunda Parte
DIREITOS FUNDAMENTAIS E DIREITO PRIVADO

1. Um olhar sobre a constitucionalização e seus reflexos no direito privado 87

   1.2. Constitucionalização e publicização do direito privado: breves noções . . . 87

2. Teorias sobre a eficácia dos direitos fundamentais nas relações entre
   particulares 92

2.1. Eficácia horizontal ou eficácia dos direitos fundamentais na relações privadas? Uma questão não meramente semântica 92

2.2. Fundamentos da necessidade de uma eficácia dos direitos fundamentais nas relações entre particulares 94

2.3. Teorias sobre a eficácia dos direitos fundamentais nas relações entre particulares 100

    2.3.1. Negação da vinculação dos particulares a direitos fundamentais . . 101

    2.3.2. Eficácia mediata (indireta) 105

    2.3.3. Eficácia imediata (direta) 115

    2.3.4. Vinculação dos "poderes privados" 123

2.4. O Supremo Tribunal Federal brasileiro e a eficácia dos direitos fundamentais nas relações entre particulares 126

2.5. Tomada de posição: por uma eficácia *prima facie* direta dos direitos fundamentais nas relações entre particulares 131

2.6. A eficácia dos direitos fundamentais sociais nas relações entre particulares 133

    2.6.1. Um olhar sobre os posicionamentos na doutrina a respeito da eficácia dos direitos fundamentais sociais nas relações entre particulares . . 133

    2.6.2. Eficácia do direito fundamental à saúde nas relações entre particulares 137

        2.6.2.1. Introdução 137

        2.6.2.2. Planos de saúde e retrocesso social 138

        2.6.2.3. Planos de saúde e o mínimo existencial 140

        2.6.2.4. Direito à saúde, família e obrigação de fazer 146

        2.6.2.5. Tabaco e direito à saúde 150

Considerações finais 153

Referências 155

Introdução

Os direitos fundamentais, como construção histórica que são, foram gradativamente incorporados aos diversos ordenamentos jurídicos, podendo afirmar-se que, hoje, a maior parte dos países reconhece, de alguma forma e em certa medida, algum direito fundamental. Em que pese tal constatação, o reconhecimento destes direitos, embora um importante passo, não garantiu sua efetivação, em especial nos países em que mais se reclamava esta medida em função de sua marcante desigualdade social: os subdesenvolvidos. Imprescindível, pois, se faz a verificação dos mecanismos para garanti-los e efetivá-los. Neste cenário, surgem diversos trabalhos, de valor e relevância inquestionáveis, apontando e abordando a obrigação do Estado em realizá-los. Entretanto, imperiosa se mostra a análise do papel dos particulares na efetivação destes direitos, de analisá-los não apenas como titulares (sujeitos ativos) dos direitos fundamentais mas como vinculados aos mesmos em suas relações interpessoais, ou seja, como destinatários (sujeitos passivos).

Neste contexto, avulta a importância da análise desta vinculação no âmbito dos direitos sociais, uma vez que, se é de certa forma tranqüilo aceitar-se a vinculação dos particulares aos direitos "liberais" ou individuais (em que pese o anacronismo desta classificação), residindo a discussão mais no como – direta ou indireta –, o mesmo não se verifica quando estamos a analisar os direitos sociais, ainda mais quando estes reclamarem prestações materiais. Some-se a isso a inegável importância que os direitos sociais possuem no cenário atual com crescentes problemas sociais e econômicos, bem como o fato de, no Brasil, os mesmos, por expressa opção do legislador constituinte originário, fazerem parte do rol dos direitos fundamentais.

O tema da vinculação dos particulares a direitos fundamentais não é tão recente como se poderia imaginar. Desde 1596, pelo menos, e de certo modo, já que os direitos fundamentais datam de século recente (não se falando em direitos fundamentais nesta época), tal era tratado como podemos perceber na obra "Mercador de Veneza", de Willian Shakespeare. Assim, a literatura, de uma forma geral, já se ocupa há tempos sobre a temática; o que estava faltando, talvez, era uma preocupação dos juristas, do direito, dos juízes [...].

Em o "Mercador de Veneza", Shakespeare, dentre muitas das possíveis análises e considerações a que se presta, e que para embasar o presente trabalho será destacada apenas uma (não querendo significar isto, de maneira alguma, uma diminuição da riqueza da obra), abarca a questão de um contrato de mútuo firmado entre Shylock e Antônio. Neste contrato, Antônio obriga-se, caso não cumpra a sua parte (devolver o dinheiro recebido a título de empréstimo), a fornecer uma libra de sua carne a ser retirada, por Shylock, do coração do mercador. Da inadimplência de Antônio nasce a pretensão de Shylock de receber o quinhão de carne como contratado; resistida a pretensão, embora seu fiador Bassânio, amigo de Antônio, oferecesse o pagamento da letra vencida, recusa-o o judeu, indo o caso parar na Justiça de Veneza.

É exatamente neste ponto do texto de Shakespeare que podemos estabelecer uma comparação com o tema objeto do presente trabalho, não obstante a discussão, na obra, tenha se limitado a análise literal do que fora contratado. Afinal, deverá permanecer aquilo que duas partes, de forma livre, paritária e autônoma, firmaram ou deve o "Estado" intervir para garantir a vida e a saúde, de Antônio (hoje direitos fundamentais)?[1]

Em outras palavras, e trazendo para mais perto do objeto a ser discutido, estão os particulares obrigados/vinculados em suas relações interpessoais a direitos fundamentais? Está o Estado autorizado a intervir para garantir a incidência dos direitos fundamentais nas relações privadas? Caso positivo, em que medida? É só o direito à vida que é direito fundamental, ou a saúde e a integridade física

---

[1] Na obra teatral, a saída encontrada por Pórcia, noiva de Antônio, transvestida de juiz, foi a interpretação literal da lei sobre o acordo firmado entre as partes e expresso na letra: uma libra de carne. Contudo, atente-se que Pórcia chama a atenção que nenhuma gota de sangue, ao cortar a carne, deveria o judeu derramar, já que a letra nada mencionava sobre isso.

de Antônio também devem ser levadas em consideração em função de sua fundamentalidade? (Lembre-se que o "Tribunal" chegou a propor que outra parte do corpo fosse cortada para preservar a vida de Antônio. Tal situação pode nos remeter, já pelo prisma da contemporânea dogmática constitucional, ao princípio da proporcionalidade e à proibição de excesso). Se afirmativo, novamente, em que medida? Como é possível vincular os particulares a direitos fundamentais sociais? Estes são os problemas a serem enfrentados na presente dissertação.

Em que pese a obra teatral datar de 1596, o assunto nela tratado se mostra deveras atual, conforme se depreende da problemática retroapontada, ainda mais em um país como o nosso, em que – conforme já referido – lamentavelmente, a marcha de desigualdade e miséria caminham a passos largos frente a um Estado que, alegadamente, não dispõe, em especial, dos recursos financeiros necessários para garantir muitas vezes o mínimo necessário a uma vida com dignidade. Mudar ou, pelo menos, repensar quem são os responsáveis pela realização e garantia destes direitos é medida que se impõe.

Para resolver a questão proposta, o trabalho foi dividido em duas partes: I) Direitos Fundamentais Sociais; II) Direitos Fundamentais e Direito Privado.

A primeira parte ocupa-se em demonstrar, inicialmente, as diferenças entre os direitos humanos e os direitos fundamentais com vista a garantir não apenas um acordo semântico, como também a delimitar o objeto de estudo. Analisa-se a fundamentalidade dos direitos, tanto pelo prisma formal quanto material, para então verificar o caminho histórico percorrido pelos direitos sociais tanto como direitos humanos, quanto direitos fundamentais, enfatizando, em capítulo próprio, a sua evolução no Brasil, *locus* por excelência de nosso estudo. Superada esta parte inicial, ocupamo-nos em demonstrar a fundamentação da fundamentalidade dos direitos sociais, bem como o fato de que a saúde é direito fundamental social, aduzindo sobre o seu conteúdo e significado e suas possíveis dimensões.

A segunda parte aborda a problemática da eficácia dos direitos fundamentais nas relações entre particulares. Apresentam-se quais as teorias que defendem esta eficácia, evidenciando os motivos desta vinculação, assim como os modos pelos quais essa pode manifestar-se, isto é, de forma mediata e indireta, ou imediata e direta.

Ademais, dedica-se capítulo exclusivo para análise destas teorias no âmbito dos direitos sociais. Por fim, centra-se na análise e demonstração, através de casos práticos, de que a saúde, enquanto direito fundamental (conforme evidenciado na primeira parte do trabalho), vincula diretamente (*prima facie*) os particulares (posicionamento demonstrado na segunda parte do trabalho), intentando estabelecer quais os elementos que devem ser levados em consideração quando da análise do caso concreto.

No que diz com a metodologia de execução, recorremos a análise doutrinária e jurisprudencial, na perspectiva constitucional, centrando-se no direito pátrio, embora estabelecendo, em alguns pontos, uma comparação com o direito alienígena, uma vez que é inegável a sua influência, ainda mais em um mundo em processo de globalização, mesmo que por vezes discreta, sobre o direito brasileiro.

A título de nota, embora já tendencialmente demonstrado ao longo desta introdução, importante mencionarmos que não será tratada a temática da obrigação, ou não, do Estado na realização do direito à saúde, ao menos na perspectiva da exigibilidade de direitos a prestações materiais. Centraremos, conforme repisado, na relação estabelecida entre os particulares e no dever do Estado em assegurar que entre os particulares o direito à saúde seja respeitado, garantido, etc., sendo esta, talvez, a nota distintiva da presente dissertação.

Primeira Parte

DIREITOS FUNDAMENTAIS SOCIAIS

1. Conteúdo e significado dos direitos fundamentais

1.1. Direitos humanos e direitos fundamentais

De início, convém fazermos alguns esclarecimentos no que concerne à terminologia a ser utilizada no decorrer do trabalho; portanto, necessário estabelecermos um acordo semântico quanto ao conceito de "direitos fundamentais" que adotaremos.

Direitos fundamentais e direitos humanos, em que pese serem freqüentemente utilizados como sinônimos, não o são. Segundo Olvera, é possível fazermos a distinção a partir de um sentido teórico referente a sua natureza e fundo, e, também, a partir de um sentido prático que leva em consideração sua positivação. Todavia, não podemos olvidar que, apesar das diferenças, ambos têm como núcleo a proteção da dignidade da pessoa humana.[2]

No que diz com o sentido teórico, os direitos humanos, nas palavras de Peña, "[...] constituem uma categoria prévia, legitimadora e informadora dos direitos fundamentais".[3] Reclamam um caráter de universalidade[4] e supranacionalidade, isto é, almejam validade e

---

[2] RODRIGUEZ OLVERA, Oscar Rodríguez. *Teoria de los derechos sociales en la constitución abierta*. Granada: Comares, 1997, p..194.

[3] MORAES PEÑA, Guilherme Braga. *Dos direitos fundamentais:* contribuição para uma teoria. São Paulo: LTr, 1997, p. 140.

[4] Conforme Alexy, os direitos do homem (direitos humanos) têm, independentemente de sua positivação, validez universal. (ALEXY, Robert. Colisão de direitos fundamentais e realização de direitos fundamentais no estado de direito democrático. *Revista da Faculdade de Direito da UFRGS*, Porto Alegre, v. 17, p.267-279, 1999a). Este é o posicionamento também adotado pela diplomacia brasileira, "[...] o Brasil entende que os direitos humanos tem validade universal e não aceita a tese de que as particularidades históricas, religiosas e culturais limitariam ou tornariam relativos os direitos humanos." Disponível em <www.mre.gov.br/acs/diplomacia/potg/temas/dh001.htm > Acesso em: 16 jun. 2003

exigibilidade em qualquer lugar, por qualquer pessoa, independentemente das fronteiras territoriais estabelecidas,[5] pois, como afirma Canotilho, "Os direitos do homem arrancariam da própria natureza humana e daí seu caráter inviolável, intemporal e universal".[6]

Segundo Borowski,[7] os direitos humanos são direitos morais que, por esta razão, independem de positivação, institucionalização ou efetividade no meio social para terem validade. Aduz o mencionado autor, ainda, que frente sua característica de fonte legitimadora dos direitos fundamentais (direitos positivos) teriam prioridade sobre estes.

No mesmo sentido, Bidart complementa que os direitos humanos não se transformam em direitos fundamentais por terem sido incorporados a determinados ordenamentos jurídicos; pelo contrário, eles o foram exatamente por serem direitos humanos. O exemplo do autor clarifica a compreensão. Do princípio do *in dubio pro reo* não se extrai a dignidade da pessoa humana, o caminho é inverso. É porque a dignidade da pessoa humana deve ser respeitada, que existe a proteção do réu.[8]

---

[5] Ressalte-se que tal se trata da análise pelo prisma ocidental ou ocidentalizado, porquanto é sabido que os países muçulmanos, ademais, de China e outros dispõem de perspectivas próprias. Direitos que para nós, ocidentais são direitos humanos, como por exemplo, a igualdade entre homens e mulheres, em outras regiões representa uma verdadeira falácia. É exatamente com base em tal constatação que alguns autores sustentam a inexistência dos direitos humanos porquanto os mesmos são, em verdade, frutos de um determinado desenvolvimento histórico, e não a-histórico como se pretende. Além disso, as normas não têm caráter universal, conforme já demonstrado anteriormente pelo contrário, algumas são até bastante específicas de um determinado local. Neste sentido, manifesta-se FERREIRA FILHO, Manoel Gonçalves. Os direitos fundamentais: problemas jurídicos, particularmente em face da Constituição brasileira de 1988. *Revista de Direito Administrativo*, Rio de Janeiro, v 1, n. 203, p. 1-10, jan./mar. 1996b.

[6] CANOTILHO, José Joaquim Gomes. *Direito constitucional e teoria da Constituição*. 2. ed. Coimbra: Almedina, 1998a, p. 359.

[7] BOROWSKI, Martin. *La estrutura de los derechos fundamentales*. Bogotá: Universidad de Columbia, 2003, p. 30-31. Note-se que mencionado autor trabalha com as categorias de direitos humanos, direitos fundamentais internacionais e direitos fundamentais nacionais. Os direitos fundamentais internacionais seriam aqueles reconhecidos em pactos e tratados. A diferença entre os direitos fundamentais nacionais e os internacionais seria a possibilidade de exigibilidade dos primeiros, o que não se verifica no que diz com os segundos. Mais uma vez, tal critério não se aplica ao Brasil, pelo menos não inteiramente, em especial em função da abertura material do catálogo de direitos fundamentais prevista no art. 5, § 2º da CF, bem como a partir da Emenda Constitucional nº 41 que incluiu o § 4º no art. 5º, estabelecendo que: O Brasil se submete à jurisdição de Tribunal Penal Internacional a cuja criação tenha manifestado adesão.

[8] BIDART, Germán Campos. *Teoria general de los derechos humanos*. Buenos Aires: Astrea, 1991, p. 52.

Em que pese este possível caráter legitimador, não há como ignorar, de outra banda, o caráter soberano de cada Estado em determinar seus próprios direitos e prioridades. Neste sentido, manifesta-se expressamente Dimoulis: "As normas internacionais só possuem interesse jurídico para o ordenamento nacional a partir da sua incorporação segundo normas do próprio direito nacional".[9] Entretanto, é inegável que esta supremacia esteja sendo cada vez mais mitigada frente aos diversos acordos e convenções firmados.[10]

Para Ferreira Filho, o próprio reconhecimento de direitos fundamentais leva ao reconhecimento de direitos superiores à própria Constituição. Além disso, já se pode falar hoje na preeminência do direito internacional,[11] ou de alguns de seus aspectos,[12] em especial

---

[9] DIMOULIS, Dimitri. Elementos e problemas da dogmática dos direitos fundamentais. In: SARLET, Ingo (Org) *Jurisdição e direitos fundamentais*. Livraria do Advogado: Porto Alegre, 2006, p. 71-98.

[10] Neste sentido, inclusive, oportuno mencionar que, não obstante a tese dominante na doutrina brasileira seja a de que os tratados internacionais têm hierarquia de norma constitucional, recentemente o Supremo Tribunal Federal brasileiro, após longo tempo decidindo pela hierarquia de lei ordinária, já dispõe de nove votos, dos onze no julgamento do RExtn° 466.343/SP , no sentido de modificar o posicionamento anterior no caso da prisão civil de depositário infiel. Dispõe o art. 5°, inciso LXVII, que não haverá prisão civil por dívida, salvo a do responsável pelo inadimplemento voluntário e inescusável de obrigação alimentícia e a do depositário infiel. Entretanto, o Pacto de São José da Costa Rica admite apenas a prisão civil no caso do devedor de alimentos, conforme se depreende da leitura de seu art. 7°, "Ninguém deve ser detido por dívidas. Este princípio não limita os mandados de autoridade judiciária competente expedidos em virtude de inadimplemento de obrigação alimentar". No mesmo sentido, o Pacto Internacional de Direitos Civis e Políticos, em seu art. 11: "Art. 11. Ninguém poderá ser preso apenas por não poder cumprir com uma obrigação contratual." Assim, os tratados internacionais seriam normas superiores às normas infraconstitucionais, mas inferiores à Constituição. Nas palavras do Ministro Gilmar Ferreira Mendes: "Nesse sentido, é possível concluir que, diante da supremacia da Constituição sobre os atos normativos internacionais, a previsão constitucional da prisão civil do depositário infiel (art. 5°, inciso LXVII) não foi revogada pela ratificação do Pacto Internacional dos Direitos Civis e Políticos (art. 11) e da Convenção Americana sobre Direitos Humanos – Pacto de San José da Costa Rica (art. 7°, § 7°), mas deixou de ter aplicabilidade diante do efeito paralisante desses tratados em relação à legislação infraconstitucional que disciplina a matéria, incluídos o art. 1.287 do Código Civil de 1916 e o Decreto-Lei n° 911, de 1° de outubro de 1969." Ainda no que diz com a questão da hierarquia dos tratados internacionais, recentemente, através da Emenda Constitucional 45, incluiu-se o § 3° do art. 5°, o legislador constituinte reformador tentou, e no nosso sentir, sem obter completo êxito, resolver a controvérsia, estabelecendo que os tratados de direitos humanos que forem aprovados, em cada Casa do Congresso Nacional, em dois turnos, por três quintos dos votos dos respectivos membros, serão equivalentes às emendas constitucionais.

[11] FERRAJOLI, Luigi. Sobre los derechos fundamentales. *Cuestiones Constitucionales*, n. 15, jul./dic. 2006.

[12] FERREIRA FILHO, Manoel Gonçalves. Tendências do direito constitucional contemporâneo. In: MARTINS, Ives Gandra. *Lições de direito constitucional em homenagem ao jurista Celso Bastos*. São Paulo: Saraiva, 2005, p. 937-939.

com a noção, já antes mencionada, de universalidade dos direitos humanos que, segundo Piovesan, assim se expressa:

> 1ª) a revisão da noção tradicional de soberania absoluta do Estado, que passa a sofrer um processo de relativização, na medida em que são admitidas intervenções no plano nacional em prol da proteção dos direitos humanos. 2ª) a cristalização da idéia de que o individuo deve ter direitos protegidos na esfera internacional, na condição de sujeito de Direito.[13]

No que diz com a Constituição brasileira, em seu art. 4°, inciso II, fica estabelecido que as relações internacionais do Brasil serão regidas com base, dentre outros princípios, na prevalência dos direitos humanos, por um lado, e, por outro, pela independência nacional. Assim, em que pese a importância dos direitos humanos, não nos parece, por hora, que os mesmos se sobreponham à ordem nacional brasileira, excetuando-se, talvez, os casos em que a norma internacional seja mais benéfica que a nacional.

No âmbito prático, os direitos humanos são suprapositivos em relação à Constituição. Para Guerra, são pautas ético-políticas.[14] Os direitos fundamentais, por sua vez, representam um rol de direitos constitucionalmente previstos em determinada ordem jurídica, e determinados pela época e prioridades estabelecidas pelo Estado, são, portanto, "os direitos objectivamente vigentes numa ordem jurídica concreta".[15]

Sendo assim, em princípio, é direito fundamental aquilo que a Constituição diz que é, o que leva, conseqüentemente, à conclusão de que "o que é fundamental para determinado Estado pode não ser para outro, ou não sê-lo da mesma forma".[16]

Frente a tal constatação, não há como não se abordar a diferenciação que se faz entre direitos formalmente fundamentais e direitos materialmente fundamentais (ou, nas palavras de Ferreira Filho,

---

[13] PIOVESAN, Flávia. *Organismos e procedimentos internacionais de proteção dos direitos econômicos, sociais e culturais*. Disponível em: <http://www.puc-rio.br/sobrepuc/depto/direito/revista/online/rev12_flavia.html> Acesso em: 8 set. 2006.

[14] GUERRA, Willis Santiago. A dimensão processual dos direitos fundamentais e da constituição. *Revista de Informação Legislativa*, Brasília, v. 35, n. 137, p. 13-21, 1998.

[15] CANOTILHO, 1998a, p. 359.

[16] SARLET, Ingo Wolfgang. *A eficácia dos direitos fundamentais*. 5. ed. Porto Alegre: Livraria do Advogado, 2005b, p. 89.

direitos fundamentais "falsos" e "verdadeiros"),[17] uma vez que ao dizermos que os direitos humanos podem ser entendidos como legitimadores dos direitos fundamentais, estamos a nos referir aos direitos materialmente fundamentais, e não aos formalmente fundamentais, cuja legitimidade reside tão-só na própria Constituição, ainda mais quando a própria Constituição brasileira[18] prevê, em seu art. 5º, § 2º, a possibilidade de inclusão de outros direitos fundamentais não ali estabelecidos, ou seja, não necessariamente direitos formalmente constitucionais.[19] Diferenciação esta que será abordada no item seguinte.

Apesar da possibilidade de utilizar-se o critério da positivação como marco divisor de águas entre direitos humanos e direitos fundamentais, não cremos ser este o melhor critério, uma vez que os direitos humanos, segundo nosso entendimento e, ao contrário do sustentado por Borowski, não se transmudam em direitos fundamentais somente por estarem previstos expressamente em tratados ou convenções. Talvez o melhor critério seja a sua vocação para universalidade, ou uma universalidade de convergência.[20]

Verifica-se que a utilização, como sinônimos, das expressões "direitos fundamentais" e "direitos humanos" representa um equívoco de fundamentação, como retro apontado, pois tais termos possuem conteúdos e significados distintos.

---

[17] FERREIRA FILHO, 1996b, p. 4. No mesmo sentido: NABAIS. *Algumas reflexões sobre os direitos fundamentais.* Disponível em: <http://www.geocities.com/imagice/arti0509.htm> Acesso em: 9 out. 2006. Aponta este autor para uma panjusfundamentalização que pode levar à banalização dos direitos fundamentais. "Não constitui novidade para ninguém que o universo dos direitos fundamentais se têm alargado e complexizado de tal modo que parece rumar mesmo ao infinito. Um fenômeno que se deve a diversos fatores e que por certo, em vez de reforçar os direitos fundamentais como *prima facie* sugere, ameaça estes, colocando-os perante o sério risco de banalização, já que, com uma tal inflação de direitos fundamentais, acaba por se não distinguir adequadamente os (verdadeiros) direitos fundamentais dos que o não são ou devem ser."

[18] O mesmo verifica-se na Constituição portuguesa, art. 16º.

[19] SARLET, 2005b, p. 8.

[20] Dizemos vocação, pois o desenvolvimento dos direitos humanos é próprio do mundo ocidental, pelo menos nos termos em que é estabelecido. Segundo Etxeberria, citado por Ielbo Marcus, "à luz dos *travaux preparatoires* da Declaração e da opinião de alguns de seus redatores, que a Declaração contém originariamente, nos seus arts. I e II, uma afirmação da tese da universalidade dos direitos humanos, tendo como subjacentes as teses do jusnaturalismo e do individualismo abstrato (liberalismo). (SOUZA, Ielbo Marcus Lobo; KRETSCHEMANN, Ângela. A universalidade dos direitos humanos no discurso internacional: o debate continua. In: *ANUÁRIO do Pós Graduação da Unisinos.* São Leopoldo, 2003, p.117-142*).*

Em síntese, podemos dizer que direitos humanos são os direitos inerentes à pessoa humana reconhecidos pelo Direito Internacional e, por isso, com vocação à universalidade e que independem, mas não afastam, o critério de positivação. Os direitos fundamentais, por sua vez, são os direitos reconhecidos no plano constitucional.[21]

No presente trabalho, optamos pela utilização da terminologia *direitos fundamentais*, já que é especialmente (mas não exclusivamente) sobre este prisma que abordaremos os direitos sociais.

1.2. Fundamentalidade formal e material

Após o assentamento da questão terminológica, passemos agora para a análise dos direitos fundamentais. Isto é, a forma como os mesmos podem manifestar-se dentro do ordenamento jurídico que os reconheceu ou os criou (a depender do posicionamento a ser adotado). O critério aqui abordado diz com a diferenciação entre direitos formalmente fundamentais e direitos materialmente fundamentais a partir da qualidade a ser atribuída a cada um.

Os direitos formalmente fundamentais "são enunciados e protegidos por normas com valor constitucional formal (normas que têm a forma constitucional)",[22] ou, nas palavras de Borowisk, este "puede ser la pertenencia de un derecho a un determinado catálogo de derechos incluídos en la Constitución".[23]

Analisando a questão, Sarlet aponta que os direitos formalmente fundamentais têm as seguintes dimensões: a) as normas de direito fundamental têm superior hierarquia em relação às demais normas do ordenamento jurídico; b) estão submetidas aos limites formais e materiais de revisão e emenda constitucional, previstos no art. 60 da CF;[24]

---

[21] AMARAL, Gustavo. *Direito, escassez e escolha*. Rio de Janeiro: Renovar, 2001, p. 88.

[22] CANOTILHO, 1998a, p. 369.

[23] BOROWSKI, 2003, p. 34.

[24] Há, ainda, a possibilidade de estabelecer-se uma terceira variante, qual seja, a de um caráter procedimental dos direitos fundamentais que comungaria tanto da forma, quanto do conteúdo dos direitos. Assim, existem determinados direitos cuja importância é tamanha que não podem ficar à mercê das maiorias parlamentares. São, no caso brasileiro, os direitos assegurados por meio das cláusulas pétreas previstas no art. 60, § 4°, da Constituição de 1988, bem como o procedimento diferenciado para modificação da Constituição via poder constituinte derivado.

c) em virtude do disposto no § 1º do art. 5º, têm aplicabilidade imediata e vinculam todos os poderes públicos.[25]

Conforme demonstrado por Alexy, há, entretanto, enunciados constitucionais que não expressam normas de direitos fundamentais,[26] sendo necessário, portanto, recorrer-se a outros critérios para verificação da fundamentalidade dos direitos.

Aponta Alexy os critérios propostos por Schmitt, que vinculam elementos materiais e estruturais. Assim, são fundamentais os direitos reconhecidos enquanto tais na Constituição por pertencerem, por estarem vinculados aos direitos individuais, o que, conforme já mencionado e que será abordado em capítulo próprio, padece de anacronismo, eis que diretamente vinculados a uma concepção Liberal de Estado. Esta noção, hoje, está bastante superada e incompatível com a noção de igualdade e surgimento de outros direitos. Desta forma, o melhor critério, segundo Alexy, é o da fundamentalidade formal, "[...] independientemente del contenido y la estructura de aquello que sea estatuido por ellos".[27]

Em que pesem as observações tecidas pelo jusfilósofo germânico, os direitos materialmente constitucionais, ou seja, aqueles que são elementos nucleares da Constituição, cujo "[...] conteúdo abrangem questões relativas à estrutura básica do Estado e da sociedade",[28] guardam relação com o núcleo de valores informativos da Constituição, em especial o princípio da dignidade da pessoa humana, podendo equiparar-se a eles os direitos fora do texto constitucional com a mesma carga.

Percebe-se, portanto, que a concepção de direitos materialmente fundamentais é permeada por certa carga de relatividade, apesar de sua vinculação à dignidade da pessoa humana que tomamos,

---

[25] SARLETb, 2005, p. 86.

[26] Os enunciados correspondem ao texto literal, enquanto a norma, ao conteúdo que pode ser extraído do mesmo. Assim, um mesmo enunciado pode comportar diversas normas e, uma norma, pode ser extraída da conjugação de diversos enunciados.

[27] ALEXY, Robert. *Teoria de los derechos fundamentales*. Madrid: Centro de Estudios Constitucionales, 1997, p. 65. Entretanto, ao final, Alexy conclui pela insuficiência de critérios exclusivamente formais, especialmente porque na Lei Fundamental alemã, são direitos fundamentais não somente aqueles expressamente previstos como tais, mas também direitos chamados "adscritos" às normas de direitos fundamentais. Estes direitos podem ser identificados como fundamentais se as normas correspondentes tiverem relação de precisão e fundamentação com o enunciado das normas de direitos fundamentais positivadas.

[28] SARLET, 2005b, p. 86.

aqui, como critério basilar a aferição da materialidade dos direitos fundamentais, embora reconheçamos o seu não-isolamento em relação a outros critérios, bem como as diversas nuances da vinculação dos direitos fundamentais à dignidade da pessoa humana.

Neste sentido, para Andrade, a nota distintiva dos direitos fundamentais, auxiliando, portanto, na construção de um conceito materialmente aberto de direitos fundamentais, residiria em dois outros critérios: além da já citada dignidade da pessoa humana, a outorga de posições subjetivas e sua função protetiva.[29] Entretanto, para Sarlet, os critérios formulados pelo jurista português devem ser "completados e devidamente adaptados no sentido de englobarem os direitos sociais e para encontrarem a devida inserção no contexto global do regime e dos princípios fundamentais dos arts. 1° a 4° da CF, além de guardarem relação com as normas contidas no catálogo da Constituição (arts. 5°, 6° e 7° especialmente)".[30]

Aponta Sarlet os seguintes elementos para a identificação da matéria constitucional: o reconhecimento da existência de direitos de cunho negativo e positivo, somando-se a isto os princípios fundamentais que caracterizam o Brasil como Estado Democrático e Social de Direito; distinção entre os direitos e garantias fundamentais que dizem com a posição do homem em sociedade e perante o Estado e as organizatórias da Constituição. Neste último caso, entretanto, sustenta o autor que se trata de critério meramente supletivo e indiciário.[31]

No que diz com a dignidade da pessoa humana, adverte Sarlet,[32] que a mesma não pode, pelo menos em princípio, e à luz do texto constitucional brasileiro, ser encarada como fundamento direto e exclusivo de todos os direitos fundamentais do catálogo constitucional, embora a dignidade da pessoa humana informe todo o sistema constitucional. Entretanto, nota o autor, isto não significa dizer que, pelo fato de nem todos os direitos fundamentais constantes do catálogo (Título II) da Carta de 1988 guardarem relação direta ou indireta com a dignidade da pessoa humana, estão dispensados

---

[29] ANDRADE, José Carlos Vieira. *Os direitos fundamentais na constituição portuguesa de 1976.* 2. ed. Coimbra: Almedina, 2001, p. 86.

[30] SARLET, 2005b, p. 127.

[31] Ibid., p.127-128.

[32] Ibid., p.110.

os direitos fora do catálogo desta vinculação para gozarem do *status* de fundamentalidade, pelo menos em seu prisma material.

O jurista português Canotilho muito bem observou que há direitos que gozam do *status* de norma fundamental que não se encontram positivados no corpo das Constituições, mas cujo objeto e importância são equiparáveis aos constitucionalmente expressos, ou, em outras palavras, são também direitos materialmente constitucionais.[33]

No âmbito do direito pátrio, verifica-se que o legislador constituinte, ciente da possibilidade de inclusão e/ou extensão de direitos fundamentais, através do art. 5º, § 2º, da Constituição de 1988, optou por permitir a inclusão de "novos" direitos, que se encontram fora da Carta Magna, mas que, no entanto, dado o seu conteúdo e relevância podem (ou devem) ser equiparados aos direitos que esta trata como fundamentais (direitos formal e materialmente fundamentais).[34] Desta forma, "[...] haverá, assim, direitos fundamentais em sentido material que não o são formalmente, porque não estão incluídos no catálogo constitucional".[35]

Estabeleceu-se, assim, por um lado, um rol de direitos fundamentais mas, por outro, um sistema de permeabilização que permite uma constante atualização e adaptação da Constituição a novas situações, inclusive com o intuito de preservar a sua higidez e garantia de permanência. Pois se a um passo uma estrutura extremamente rígida pode parecer conferir maior garantia de estabilidade, a outro, pode ruir ao primeiro golpe. Assim, certa maleabilidade é sempre necessária.

Por outro lado, pode-se sustentar que a materialidade do direito fundamental seria aferida a partir do reconhecimento de um direito humano que lhe legitime e justifique. Segundo Alexy, que nos parece, conjuga a fundamentalidade formal e material neste ponto, os "direitos fundamentais são essencialmente direitos do homem transformados em direito positivo".[36]

---

[33] CANOTILHO, 1998a, p. 369.

[34] SARLET, 2005b, p. 92.

[35] ANDRADE, 2001, p. 73.

[36] ALEXY, Robert. Colisão de direitos fundamentais e realização de direitos fundamentais no estado de direito democrático. *Revista de Direito Administrativo*, Rio de Janeiro, n. 217, p. 67-79, jul/set 1999b, p. 73.

No sentido da busca de uma legitimação "extraconstitucional" dos direitos fundamentais, posiciona-se Miranda, ao dizer que os mesmos são aqueles *prima facie* inerentes à própria noção de pessoa, contemplando, até mesmo uma dimensão *jusnaturalista*, embora vá além da mesma.[37]

Há, ainda, aqueles que, na esteira do magistério de Viera de Andrade, advogam a existência de direitos que gozariam do *status* de direito fundamental tão-só pelo prisma formal, posição está contraposta a de Miranda, para quem "[...] todos os direitos fundamentais em sentido formal são também direitos fundamentais em sentido material.",[38] isto porque são parte da concepção de Constituição, da idéia de direito dominante.[39]

Em que pese a possibilidade de tal distinção aduzida por Vieira de Andrade, certo é que a mesma não permite que seja negado a estes direitos o tratamento dado aos materialmente fundamentais, razão pela qual a distinção é, neste aspecto, desprovida de utilidade prática.[40] Por outro lado, o que se verifica e, neste sentido, de forma bastante salutar a distinção, é que através da noção de direitos materialmente fundamentais se permite, conforme apontado por Sarlet, e já mencionado anteriormente, a abertura da Constituição para contemplar direitos que não se encontram dentro do catálogo dos direitos fundamentais, bem como aqueles que não estão positivados em qualquer ponto da mesma.[41]

Assim, a direitos fundamentais – sejam eles material ou formalmente fundamentais no que diz com o ordenamento jurídico brasileiro – assegura-se proteção contra modificações que impliquem a abolição dos mesmos, seja o *status* de normas ápice do sistema, seja

---

[37] MIRANDA, Jorge. *Manual de direito constitucional* 3. ed. Coimbra: Almedina, 2000. v. 4: Direitos fundamentais, p. 11.

[38] Ibid., p. 9.

[39] Ibid., p. 9.

[40] É neste sentido o posicionamento de SARLET, Ingo Wolfgang. *A eficácia dos direitos fundamentais.* 3. ed. Porto Alegre: Livraria do Advogado, 2003b, p. 89. No mesmo sentido, CANOTILHO, José Joaquim Gomes. *Direito Constitucional e teoria da Constituição.* 2. ed. Coimbra: Almedina, 1998, p. 373. "a distinção entre direitos fundamentais materiais e direitos fundamentais formais, tal como é proposta pelo autor (Vieira de Andrade) não tem quaisquer resultados práticos, pois a Constituição consagrou, com o mesmo título e a mesma dignidade, ambos os tipos de direitos".

[41] SARLET, Ingo Wolfgang. *A eficácia dos direitos fundamentais.* 6. ed. Porto Alegre: Livraria do Advogado, 2006c, p. 88.

como a garantia de aplicabilidade imediata, na medida de sua eficácia, no âmbito das relações com o Estado e, com algumas variações que veremos a seguir, entre particulares.[42]

No presente trabalho, abordaremos os direitos fundamentais a partir, quer de sua fundamentalidade formal estruturada através da Constituição da República Federativa do Brasil, quer através da dignidade da pessoa humana e outros valores consagrados como epicentro do sistema.

2. Direitos sociais como direitos fundamentais

2.1. Evolução histórica

2.1.1. Introdução

Iniciaremos o presente capítulo traçando breves linhas sobre a evolução histórica dos direitos econômicos sociais e culturais não apenas com intenção de estabelecer uma cronologia, mas também para demonstrar o caráter histórico dos direitos fundamentais sociais[43] o que, de forma alguma, os configura como de menor importância; ao contrário, os fortalece e justifica. Vale dizer, fruto do desenvolvimento histórico e cultural a que está sujeita constantemente a sociedade, que não é estática, nem matematicamente construída, como nos quis fazer crer o pensamento cartesiano, pelo contrário, é dinâmica e que influencia, inevitavelmente, o desenvolvimento e a compreensão do direito e do ordenamento jurídico.[44]

Enfim, o objetivo deste capítulo é demonstrar que os direitos fundamentais sociais (o que se aplica ao direito como um todo) guardam relação com as modificações e necessidades socioeconômi-

---

[42] SARLET, 2006c., loc. cit.

[43] BOBBIO, Norberto. *A era dos direitos*. Rio de Janeiro: Elsevier, 2004. Bobbio sustenta ainda o caráter não-universal dos direitos fundamentais. Em que pese simpatizarmos com tal construção, não podemos deixar de mencionar que a mesma é, hoje, sujeita a uma série de críticas em função da compreensão de que há necessidades universais extraídas a partir do entendimento da garantia de um mínimo existencial.

[44] SARMENTO, Daniel. *Direitos fundamentais e relações privadas* Rio de Janeiro: Lúmen Júris, 2004, p. 18, etc.

co-culturais e políticas, pois "[...] o Direito sempre é produto da vida organizada enquanto manifestação de relações sociais provenientes de necessidades humanas",[45] em especial com o reconhecimento da dignidade da pessoa humana como cerne do sistema.

2.1.2. Das origens ao estado democrático de direito

O surgimento dos direitos fundamentais, baseando-se na noção de direitos apontada anteriormente, firma suas raízes no período de transição entre o "Estado" Absolutista e o Estado Constitucional.

O absolutismo monárquico, nascido no final da Idade Média e persistente durante o período Moderno, ao final deste período não mais consegue sustentar-se. A sociedade burguesa formada e desenvolvida durante todo o período histórico, mesmo na Idade Média, apesar de que de forma menos expressiva, ganha vulto e passa a dominar as relações econômicas e comerciais. Um rei interventor e manipulador da economia, próprio do Estado absolutista, não se coaduna mais com os interesses da classe burguesa em expansão; "[...] Era necessário proteger o indivíduo do despotismo do Estado [...]".[46]

A burguesia almejava dominar não apenas o poder econômico – que já dispunha – como também o poder político, tornando desta forma o Estado que se formará como mero espectador das relações econômicas e sociais que não estava autorizado a intervir nas relações interpessoais. Na dicção de Bonavides, "Foi assim – da oposição histórica e secular, na Idade Moderna, entre a liberdade do indivíduo e o absolutismo monarca – que nasceu a primeira noção de Estado de Direito".[47]

Além disso, este período foi marcado pela superação da força divina como definidora das relações terrenas, bem como pelo surgimento do *Estado Gendarme*, cujo único objetivo era assegurar a ordem, a propriedade e a liberdade individual e econômica. Esta noção adentra no cenário histórico a partir das idéias iluministas que pugnavam a existência de direitos inatos ao homem, anteriores ao

---

[45] WOLKMER, Antônio Carlos. *História do direito no Brasil*. São Paulo: Forense, 2005, p. 24.

[46] SARMENTO, 2004, p. 21.

[47] BONAVIDES, Paulo. *Do estado liberal ao estado social*. 6. ed. São Paulo: Malheiros, 1996, p. 41.

Estado e que deveriam não apenas ser respeitados, como garantidos pelo Poder Público.[48]

Dentre diversos filósofos da época, destacou-se e prevaleceu a noção desenvolvida por John Locke, tendo seu pensamento influenciado todo o período subseqüente, inclusive as Revoluções Burguesas.[49] Segundo este autor, o contrato social (idéia também desenvolvida por Hobbes e Rousseau) revela-se como um instrumento pelo qual os indivíduos abandonam o estado de natureza, onde detêm direitos inatos, com o intuito de garantir a segurança das relações estabelecidas.

Assim, ao contrário de Hobbes e Rousseau, onde os homens saem do estado de natureza rumo à vida em sociedade, abrindo mão de todos os seus direitos, Locke sustenta que o direito à vida, à propriedade e à liberdade, como direitos naturais, não eram entregues ao Estado, pelo contrário, "[...] O grande objetivo dos homens quando entram em sociedade é desfrutar de sua propriedade pacificamente e sem riscos", bem como, continua o autor "[...] a preservação da propriedade é o objetivo do governo, e a razão por que o homem entrou em sociedade [...]".[50]

Assim, influenciadas pelo pensamento iluminista de direitos inatos, temos as Revoluções Burguesas (entre elas a Revolução Francesa e a Revolução Inglesa) que delimitaram e influenciaram todo o período subseqüente, em especial, no mundo ocidental;[51] ademais, costuma-se afirmar que é a Revolução Francesa o marco divisor de águas entre a Idade Moderna e a Idade Contemporânea.

Neste sentido, bem resume Carmen Lucia:

> Preocupados em romper com o regime absolutista e seus privilégios de classe, eliminando, ao mesmo tempo, o que foi qualificado como caráter dispersivo e inseguro do direito medievo, pelas peculiaridades de sua conotação pluralista, o liberalismo jurídico consagrou, no século XIX, a completude e unicidade do direito, que passou

---

[48] SARMENTO, 2004, p. 21.

[49] MENAUT, Antonio Carlos Pereira. *Leciones de teoria constitucional.* Madrid: Colex, 1997, p. 336.

[50] LOCKE, John. *Segundo tratado sobre o governo civil e outros escritos.* Rio de Janeiro: Vozes, 1994, p. 166.

[51] Segundo Hugo César Gusmão, a situação do direito no mundo é dividida entre o mundo ocidental e o mundo oriental, em especial pela questão religiosa que influencia altamente o mundo do direito no segundo caso.. GUSMÃO, Hugo César. Da caracterização histórica do direito moderno. *Dataveni@,* v. 5, n. 45, abr. 2001.

a ter como fonte única o Estado, com seu poder ideologicamente emanado do povo, a neutralidade das normas com relação ao seu conteúdo, e a concepção do homem como sujeito abstrato, como os postulados fundamentais do Estado de Direito.[52]

Com a Revolução Francesa (1789-1799), a conseqüente tomada do poder político por parte da classe social que já dispunha do poderio econômico – burguesia – e o surgimento da Constituição, um mecanismo de limitação do poder Estatal se impõe. Segundo Sarmento,

> [...] a fórmula utilizada para a racionalização e legitimação do poder pelo Iluminismo era a Constituição, lei escrita e superior às demais normas, que deveria estabelecer a separação dos poderes para contê-los.[53]

Assim, a Constituição ocupa um papel de mera regulamentadora, organizadora das atividades estatais, não podendo, portanto, intervir nas relações entre particulares.

Em que pese comumente tomar-se a Revolução Francesa como parâmetro, não podemos descuidar do fato de que na Inglaterra, por suas características peculiares de maior centralização do Poder nas mãos do rei, mesmo durante a Idade Média, em 1215, temos a Magna Carta que visava a evitar a concentração do poder nas mãos do Monarca. Também, em 1627, teve a *Petition of Rights*. Este documento, escrito pelo juiz Coke, aponta que a Grande Constituição das Liberdades Inglesas proibia que os homens (leia-se, homens ingleses) perdessem seus direitos senão através de juiz competente.[54] Apesar de não ter caráter geral, sendo restrito aos ingleses, é uma amostra do que estava por vir no mundo ocidental. No ano de 1688, também na Inglaterra, aparece o *Bill of Rights*, Declaração que enumera os direitos e liberdades que os Lordes e Comuns[55] entenderam como necessárias para superar-se o estado das coisas.[56]

---

[52] RAMOS, Carmem Lucia Silveira. A constitucionalização do direito privado e a sociedade sem fronteiras. In: FACHIN, Luiz Edson. *Repensando fundamentos do direito civil brasileiro contemporâneo* São Paulo: Renovar, 2000, p. 3-29.

[53] SARMENTO, 2004, p. 24.

[54] MENAUT, 1997, p. 338.

[55] Lordes eram os membros do alto clero e da nobreza; comuns eram os membros dos condados e municípios. A Câmara dos Lordes e a Câmara dos Comuns formam, conjuntamente com a Coroa, o Parlamento Inglês. http://pt.wikipedia.org/wiki/Casa_dos_Lordes. Acesso em: 19 nov. 2006.

[56] Diz o documento que Jacobo II (Jaime II) teria cometido uma série de atrocidades, tais como violar a liberdade de eleição, infligir castigos cruéis, manter exército em tempo de paz contra o determinado pelo parlamento, etc. MENAUT, op., p. 340.

Influenciada pelo pensamento iluminista e pela Declaração dos Direitos do Bom Povo de Virgínia (16 de junho de 1776), que foi aprovada quase um mês antes da Declaração de Independência Norte-Americana (4 de julho de 1776), em 26 de agosto de 1789, ou seja, quase cem anos depois do Bill of Rights inglês temos, então, a Declaração Francesa dos Direitos do Homem e do Cidadão, que estabeleceu que a matiz definitória de uma Constituição é a garantia de direitos e a separação dos Poderes.

Dentre os direitos contemplados na *Declaração de Independência Norte-Americana*, avulta a liberdade de imprensa, liberdade religiosa, fim dos privilégios hereditários, enfim, um rompimento em relação às heranças do feudalismo com ênfase na valorização da liberdade individual e limitação do poder estatal.[57] Entretanto, a primeira Constituição norte-americana (1787), que unificou as 13 colônias, não estabeleceu um rol de direitos até 1791, quatro anos depois, quando se instituiu as dez emendas, ou *Bill of Rigths*.

Na continuidade dos fatos históricos, em 1831, temos a Constituição da Bélgica, que, segundo Menaut,[58] foi a primeira Constituição que incorporou uma Declaração sistemática de direitos (contudo, antes, em 1812, na Espanha, a Constituição de Cádiz firmava o reconhecimento, não sistematizado, de direitos) e que concedeu a esses *status* de norma constitucional, diferentemente da Declaração Francesa e da Virgínia. Também por volta de 1830 a Gran Bretanha adota medidas de proteção do trabalho das mulheres e das crianças, o que, segundo Peces-Barba, preparou para a sua inclusão nos textos constitucionais.[59]

Neste contexto, surgem os direitos de defesa ou direitos de 1ª geração (ou dimensão)[60] como o centro do sistema. O homem, e não

---

[57] LONGO, Ana Carolina Figueiró; BRAYNER, Antônio de Arruda; PEREIRA, Arthur Cesar de Moura Pereira *Antecedentes históricos e jurídicos dos direitos humanos*. Disponível em: <http://www.dhnet.org.br/dados/cursos/dh/br/pb/dhparaiba/1/antecedentes.html#4> Acesso em: 5 jan. 2007.

[58] MENAUT, 1997, p. 344.

[59] PECES-BARBA, Gregório. Los derechos económicos, sociales y culturales: su génesis y su concepto. *Revista del Instituto Bartolomé de Las Casas*, v.3, n. 6, feb. 1998.

[60] A idéia de geração encontra-se, hoje, superada em função da noção de dimensões, onde os direitos não entendidos enquanto unos e indivisíveis, mas com dimensões variadas que podem ser exploradas. Além disso, o termo "gerações" leva ao equivocado entendimento de que uma geração se sobrepôs a outra, afastando o caráter de complementaridade e fortalecimento por que passaram os direitos fundamentais. Neste sentido, ver SARLET, 2005b.

o Estado, passa a ser valorizado em sua individualidade, calcada na noção de liberdade natural, no sentido jurídico do termo que, conforme apontado por Baldassarre, diz com o "sujeito de vontade", pois através de sua volição estabelece relações jurídicas com outrem.[61] Estas relações são firmadas através do contrato, símbolo da autonomia privada[62] que, na época, ignorava as condições socioeconômicas dos envolvidos. Tal não poderia ser diferente, o homem deste período (e até bem pouco tempo atrás, de certa forma, no Brasil conforme veremos nas linhas que seguem) é o homem abstratamente livre, dono de suas próprias vontades.

Ocorre, entretanto, que o cercamento dos campos, o desenvolvimento das cidades, a criação da máquina a vapor, a industrialização, levaram à saída das pessoas do campo e ao fenômeno de concentração das mesmas ao redor das fábricas. Ademais da periferia das cidades. Neste mesmo cenário, e pelas mesmas razões, há uma explosão demográfica que vem a agravar a situação de miséria e indigência da população tão bem apontada no romance de Emílie Zola, Germinal.

Os direitos liberais e a não intervenção do Estado não foram capazes de satisfazer as exigências sociais e econômicas nascidas neste novo contexto, sendo necessário que o Estado de Direito (baseado na igualdade formal) passe à Estado Social de Direito (baseado na igualdade material), pois conforme, Heller (o primeiro a pensar sobre o Estado Social),[63] a hegemonia da burguesia levaria ao colapso do Estado de Direito.

Neste ínterim, surgem diversos movimentos de crítica ao liberalismo, manifestando-se, em especial, sob o auspício do marxismo através do Manifesto Comunista de Karl Marx, doutrina segundo

---

[61] BALDASSARRE, Antonio. *Los derechos sociales*. Colombia: Universidad Externado de Colômbia, 2001, p. 15.

[62] NEGREIROS, Tereza. *Teoria do contrato:* novos paradigmas. 2. ed. São Paulo: Renovar, 2006. Segundo Teresa, as expressões "autonomia privada" e "autonomia de vontade" referem-se a uma mesma realidade distanciada, entretanto, historicamente. "Neste trabalho, a expressão 'autonomia privada' reportada ao direito contratual, será utilizada como o poder atribuído as pessoas de, por meio de contratos, auto-regularem os seus interesses, estando, pois, diretamente relacionada ao princípio da liberdade contratual. O uso da expressão "autonomia de vontade" será feito também na acepção de "poder de o indivíduo produzir direito", p. 3.

[63] GEHLEN, Gabriel Menna Barreto Vo. O chamado direito civil constitucional. In: COSTA, Judith Martins. *A reconstrução do direito privado*. São Paulo: Revista dos Tribunais, 2002, p. 174-212.

a qual o direito se firmava como um mecanismo de garantia de exploração da sociedade burguesa sobre o proletariado.[64] Além disso, pregava a igualdade econômica e o fim da exploração.

O pensamento marxista influenciou fortemente o estamento deste período, dando origem a *Revolução Socialista* (1917). Em 1818, fez uma Constituição provisória que estabelecia uma série de direitos de cunho social, tais como: reforma agrária e fim da propriedade privada da terra; desapropriação de indústrias, bancos e grandes estabelecimentos comerciais, que passaram para as mãos do Estado; nacionalização dos bancos e investimentos estrangeiros; sistema de partido único para a criação da "ditadura do proletariado", ou seja, o governo dirigido pelos trabalhadores.

No mesmo sentido de crítica ao Estado Liberal, manifestou-se a Igreja Católica através das Encíclicas Papais, sendo a mais citada a *Rerum Novarum*, do Papa Leão XIII, em 1891. Outros documentos da igreja: *Quadragésimo Anno* de 1931; *Mater et Magistra* 1961; *Pacem in Terris* 1963, *Popolorum Progressio* 1967 e, *Humana Vitae* 1969, entre outras. Segundo Longo, Brayner e Pereira: "Elas tiveram épocas diferentes, momentos históricos diversos, mas apresentam pontos em comum: as encíclicas apelam para que as Nações mais desenvolvidas e mais ricas ajudem as Nações mais pobres em seus projetos humanitários".[65]

Frente a esta nova realidade era necessário, portanto, mais do que garantir a liberdade e a igualdade formal dos homens, garantir as reais condições de exercício desta liberdade com a garantia de condições mínimas, através, em especial, dos direitos sociais. Assim, não havia como se falar em liberdade sem vinculá-las aos direitos sociais, numa relação de interpenetração entre elas.[66] Assim, se por

---

[64] Segundo Pasukanis: "O sujeito de Direito é o ponto ao redor do qual circulam todas as categorias jurídicas. E mais, é no sentido de garantir um determinado tipo de 'liberdade' que o Direito tutela os interesses deste mesmo sujeito de Direito que, em essência, são interesses egoísticos que se contrapõem àqueles dos demais membros da sociedade." (PASUKANIS, E. B. *A teoria geral do direito e o marxismo*. Rio de Janeiro: Renovar, 1989, p. XIV).

[65] LONGO; BRAYNER; PEREIRA, 2007.

[66] Situação esta reconhecida pela Organização das Nações Unidas (ONU), expressamente no art. 5º da Declaração de Viena de 1993. "Todos os Direitos do homem são universais, indivisíveis, interdependentes e inter-relacionados. A comunidade internacional tem de considerar globalmente os Direitos do homem, de forma justa e equitativa e com igual ênfase. Embora se devam ter sempre presente o significado das especificidades nacionais e regionais e os antecedentes históricos, culturais e religiosos, compete aos Estados, independentemente dos seus

um lado, não há como se garantir de forma efetiva os direitos de liberdade sem assegurar o mínimo de condições de vida com dignidade, ao mesmo tempo, não há como admitir-se que em nome da garantia de direitos sociais se aniquile direito de liberdade gerando, conforme apontado por Comparato, novas desigualdades.[67]

A transição do Estado Liberal para o *Welfare State* estava com data marcada para acontecer e com ele um rol de direitos sociais constitucionalmente assegurados.

Segundo Sarmento, dentre outros, esta modificação de mentalidade se deu, em especial, com o objetivo de evitar a expansão das idéias socialistas[68] pelo mundo, e não, exatamente, como uma preocupação com a dignidade da pessoa humana. Assim, "[...] O Estado Liberal transforma-se no Estado Social, preocupando-se agora não apenas com a liberdade, mas também com o bem-estar do seu cidadão".[69]

O Estado Social de Direito manifestou-se, principalmente, a partir da Constituição mexicana de 1917 e, sem seguida, pela alemã de 1919, na qual, pela primeira vez,[70] constou expressamente a defesa dos direitos sociais. A Constituição dos Estados Unidos Mexicanos assegurava direitos agrários, trabalhistas e educacionais;[71] a de Wei-

---

sistemas político, econômico e cultural, promover e proteger todos os Direitos do homem e liberdades fundamentais". Disponível em: <http://www.dhnet.org.br/direitos/anthist/viena/viena.html> Acesso em: 19 nov. 2006.

[67] COMPARATO, Fábio Konder. *A afirmação histórica dos direitos humanos.* São Paulo: Saraiva, 1999, p. 305.

[68] SARMENTO, 2004, p.

[69] Ibid., p. 35.

[70] A Constituição mexicana de 1917 foi a primeira a estabelecer os direitos trabalhistas como direitos fundamentais ao lado das liberdades individuais e direitos políticos. A alemã, por sua vez, através da democracia social, "representou, efetivamente, até o final do século XX, a melhor defesa da dignidade da pessoa humana, ao complementar os direitos civis e políticos – que o sistema comunista negava – como os direitos econômicos e sociais, ignorados pelo liberal capitalismo." (COMPARATO, 1999, p. 184).

[71] Segundo Manuel Gonçalvez Ferreira Filho, "A Constituição mexicana de 1917 é considerada por alguns como o marco consagrador da nova concepção dos direitos fundamentais. Não há razão para isso, mesmo sem registrar que sua repercussão foi mínima. Na verdade, o que essa Constituição apresenta como novidade é o nacionalismo, a reforma agrária e a hostilidade em relação ao poder econômico, e não propriamente o direito ao trabalho, mas um elenco dos direitos do trabalhador (Título IV) Trata-se, pois, de um documento que inegavelmente antecipa alguns desdobramentos típicos do direito social. Nem de longe, todavia, espelha a nova versão dos direitos fudamentais." (FERREIRA FILHO, Manuel Gonçalves. *Direitos humanos fundamentais.* São Paulo: Saraiva, 1996a, p. 46).

mar (alemã de 1919), por seu turno, foi mais além, com a garantia da moradia, assistência às mães e o auxílio às famílias numerosas.

Ainda no ano de 1919, temos a criação da Organização Internacional do Trabalho (OIT), que, através de recomendações e resoluções, estabeleceu influência quase que com força normativa interna sobre os países. Situação está que se verifica ainda em tempos mais atuais, como por exemplo, em 1998, com a Declaração da OIT sobre Direitos Fundamentais no Trabalho.

Assim, "[...] en el modelo de Estado social, los poderes públicos dejan de ser percibidos como enemigos de los derechos fundamentales y comiezan a tomar, por el contrario, el papel de promotores de esos derechos, sobre todo de los de carácter social".[72]

Segundo Olvera, a primeira formulação oficial dos direitos sociais encontra-se no projeto da Constituição francesa de 1791, que fazia referência ao direito à educação, trabalho e assistência social, muito embora não fossem considerados direitos subjetivos públicos.[73] [74]

Tal fato, de modificação da mentalidade referente a direitos fundamentais conforme está se tentando demonstrar, se deve a uma evolução histórica da sociedade que não mais é capaz de manter-se calcada em ideais de individualidade marcadamente iluministas e ilustrados. O homem deixa de ser o indivíduo e passa a ser pessoa; deixa de ser individual, para ser social.[75] Esta nova mentalidade é incompatível com a inexistência de direitos sociais enquanto fundamentais do homem/pessoa. Nas palavras de Negreiros,

> Com efeito, à tutela da dignidade da pessoa humana correspondem não apenas os tradicionais direitos individuais, mas igualmente os chamados "direito sociais", que

---

[72] CARBONELL, Miguel. Las garantías de los derechos sociales en la teoria de luigi ferrajoli. *Anuario del Departamento de Derecho de la Universidad Iberoamericana*, n. 34, p. 301-333, 2004. Disponível em: <http://info.juridicas.unam.mx/inst/direc/public.htm?p=carbonel> Acesso em: 29 set. 2006.

[73] RODRIGUEZ OLVERA, 1997, p. 13.

[74] "Será criada uma instrução pública comum a todos os cidadãos, gratuita em relação àquelas partes de ensino indispensáveis para todos os homens, e cujos estabelecimentos serão distribuídos gradativamente numa relação que combine com a divisão (administrativa) do reino. Serão estabelecidas festas nacionais para conservar a lembrança da Revolução Francesa, manter a fraternidade entre os cidadãos, e ligá-los à Constituição, à Pátria e à lei." (FRANÇA. *Constituição 1791*. Disponível em: <http://www.fafich.ufmg.br/~luarnaut/const91.PDF> Acesso em: 7 jan. 2007).

[75] NEGREIROS, 2006, p. 12.

reordenam as relações entre o Estado e a sociedade, impondo a todos o ônus de tornar a sociedade mais justa.[76]

Logo em seguida, e ainda reflexo da primeira grande guerra do início do século XX, temos a Segunda Guerra Mundial, de atrocidades tamanhas, mas com desenvolvimento tecnológico, que podem ser resumidos na seguinte frase de Hobsbawn: "Os prédios podiam ser mais facilmente reconstruídos após essa guerra do que a vida dos sobreviventes".[77] Neste cenário, apesar de o movimento pela fundamentalidade dos direitos sociais já ter iniciado anteriormente, os países passam a preocupar-se mais com a questão dos direitos fundamentais sociais, assumindo uma série de obrigações para si no intuito de garantir condições mínimas de existência com dignidade para sua população. A partir de então, como reação às desumanidades cometidas durante a segunda Guerra Mundial, embora não exclusivamente por isso, a dignidade da pessoa humana passa a ser o núcleo axiológico dos ordenamentos jurídicos.[78]

Em 1948, pelos arts. 22[79] e seguintes da Declaração Universal dos Direitos do Homem da ONU instituíram-se, pela primeira vez, em nível de documentos internacionais, os direitos econômicos, sociais e culturais,[80] mais tarde consagrados e detalhados através do Pacto Internacional de Direitos Econômicos, Sociais e Culturais de 1966.

Tal declaração foi encarada, pelo menos inicialmente (uma vez que conforme distinção, os direitos humanos não necessitam estar expressamente previstos nas constituições para terem vigência),[81] como recomendação aos países membros da ONU. Desprovida, portanto, de força coativa vinculante, mas que ainda assim, não merece menos mérito, porquanto representa a primeira grande conquista no sentido da realização destes direitos, bem como pela influência

---

[76] NEGREIROS, 2006, p. 19-20.

[77] HOBSBAWN, Eric. *O breve século XX*. São Paulo: Companhia das Letras, 1995, p. 51.

[78] FERNÁNDEZ SEGADO, Francisco. La dignidad de la persona como valor supremo del ordenamiento jurídico español y como fuente de todos los derechos. In: SARLET, Ingo (Org) *Jurisdição e direitos fundamentais*. Porto Alegre: Livraria do Advogado, 2006, p. 99-128.

[79] "Todo ser humano, como membro da sociedade, tem direito à segurança social, à realização pelo esforço nacional, pela cooperação internacional e de acordo com a organização e recursos de cada Estado, dos direitos econômicos, sociais e culturais indispensáveis à sua dignidade e ao livre desenvolvimento da sua personalidade".

[80] A declaração foi aprovada com 48 votos a favor, nenhum contra e oito abstenções.

[81] RODRIGUEZ OLVERA, 1997, p. 27.

que exerceu nos ordenamentos jurídicos nacionais e suas jurisprudências.[82]

Neste ponto, imperioso anteciparmos que realizaremos uma cisão na ordem cronológica para melhor compreensão do tema. Isto pois, a partir de então, os mecanismos de proteção internacional podem ser divididos entre o "sistema ONU" e os pactos Regionais. Neste sentido, segundo Bicudo,

> Enquanto a Declaração Universal se esforça por conciliar concepções liberais e marxistas entre liberdades formais e reais, "esquecendo que se o nazismo ignorou as primeiras, é em nome das segundas que o estalinismo suprimiu a todas", os pactos consagraram um fenômeno de coletivização dos direitos do homem. A Declaração Universal é inteiramente voltada para a pessoa: os direitos humanos são, antes de tudo, os direitos do indivíduo e a Declaração é endereçada aos indivíduos e não aos Estados ("Todo o indivíduo, ou toda a pessoa, tem direito..."). Os pactos são dirigidos aos Estados e não aos indivíduos ("Os Estados se obrigam à ...") e a dimensão social do indivíduo é a pedra de toque a ser considerada. O homem não pode encontrar a realização dos seus direitos senão no interior de uma sociedade livre de toda contenção externa (colonização) ou interna (opressão): o interesse do indivíduo se confunde com aquele da sociedade onde vive.[83]

Adiciona-se o fato de que a regionalização diminui a heterogeneidade cultural, econômica e social, garantindo maior facilidade e efetividade às normas e aos mecanismos de proteção. Assim, "Ao interagir com o sistema das Nações Unidas, os sistemas regionais complementam e dão maior eficácia ao sistema global".[84]

Ainda no rumo das conquistas de direitos econômicos, sociais e culturais, temos, em 1966, os Pactos Internacionais de Direitos Humanos, que se subdividem em Pacto Internacional sobre Direitos Civis e Políticos e Pacto Internacional sobre Direitos Econômicos, Sociais e Culturais. Tal conjugação talvez já mostre uma intenção de reconhecer a indivisibilidade e unidade dos direitos liberais e sociais. Neste sentido, manifesta-se Comparato:

---

[82] FIORATI, Jete Jane. A evolução jurisprudencial dos sistemas regionais internacionais de proteção aos diretos humanos. *Revista dos Tribunais*, São Paulo, v. 84, n. 722, p. 10-24, dez. 1995.

[83] BICUDO, Hélio. Defesa dos direitos humanos: sistemas regionais. Revista Estudos Avançados, n. 47, jan./abr. 2003. Disponível em: <http://portal.prefeitura.sp.gov.br/cidadania/cmdh/0018> Acesso em: 8 fev. 2007.

[84] UNIÃO Européia, Mercosul e a proteção dos direitos humanos: notas de palestra. SEMINÁRIO DIREITOS HUMANOS E MERCOSUL, 2000, São Paulo. Disponível em: <http://www.dhnet.org.br/direitos/mercosul/mercosul/saboia_uemerc.html> Acesso em: 8 fev. 2007.

A liberdade individual é ilusória, sem um mínimo de igualdade social; e a igualdade social imposta com sacrifício dos direitos civis e políticos acaba engendrando, mui rapidamente, novos privilégios econômicos e sociais. É o princípio da solidariedade que constitui o fecho de abóboda de todo o sistema de direitos humanos.[85]

No ano de 1969 há a declaração sobre o Progresso Social e Desenvolvimento. Nesta declaração,

[...] se destaca [...] que el principal objetivo del desarrollo consiste en elevar la situación del hombre en su integridad, promoviendo la justicia social a través de universales sobre la equidad distributiva y erradicando desde la pobreza, hasta la falta de participación de toda la población en todas las fases del desarrollo.[86]

Para finalizar o contexto histórico, no final do século XX, o *Welfare State,* manifestado, em especial, através das Constituições Dirigentes que substituíram, paulatinamente, as Constituições de cunho eminentemente liberal, começa a dar sinais de que está agonizando.[87] Os projetos esculpidos nos textos Constitucionais, o nível de atribuições de realização de direitos a encargo do Estado somado com a questão da reserva do possível com o conseqüente crescimento do descrédito da Constituição como documento dotado de força normativa, faz com que seja necessário repensar-se o modelo do Estado Social. Surgem assim, com mais força, novamente movimentos em favor do retorno ao Estado Liberal mínimo, pois,

[...] melhor grau de intervenção social é aquele que fornece maior produtividade econômica e melhoria social. Do indivíduo, não deve ser tirado o dever de fornecer a si mesmo, a sua própria subsistência e de sua família. O Estado deve agir de forma subsidiária ajudando o indivíduo a ajudar-se a si próprio.[88]

Chegamos, assim, ao Estado Democrático de Direito que, segundo Morais:

tem a característica de ultrapassar não só a formulação do Estado liberal de Direito, como também a do Estado Social de Direito – vinculado ao Welfare State neocapitalista – impondo à ordem jurídica e à atividade estatal um conteúdo utópico de transformação da realidade.

---

[85] COMPARATO, 1999, p. 304.

[86] RODRIGUEZ OLVERA, 1997, p. 28.

[87] Há quem sustente ser uma modificação, mutações em sua estrutura administrativa, e não propriamente uma crise do *Welfare State.*

[88] PRZEWORSKI, Adam; WALLERSTEIN, Michael. O capitalismo democrático na encruzilhada., *Novos Estudos CEBRAP,* São Paulo, n. 22, out. 1988.

No ano de 1950, na Europa, estabeleceu-se a Convenção para a proteção dos Direitos do Homem e das Liberdades Fundamentais ou, simplesmente, Convenção Européia de Direitos Humanos. Esta Convenção permitia o controle judiciário do respeito desses direitos, tendo previsto a criação do Tribunal Europeu dos Direitos Humanos. Note-se que em sua formulação inicial asseguravam-se tão-somente direitos liberais, sendo a incorporação dos direitos econômicos, culturais e sociais acoplada a partir de protocolos adicionais.

Ainda no âmbito da órbita européia, firmada em Turin por doze dos dezesseis membros do Conselho Europeu, temos, em 1961, a chamada Carta Social Européia, cuja discussão perdurou por aproximadamente sete anos. Seu objetivo principal foi complementar o Convênio de 1950 que nada falava sobre os direitos sociais, a não ser em seu protocolo adicional de 1952 quando tratou do direito ao ensino.

No ano de 1989, há a Declaração dos Direitos e Liberdades Fundamentais emitida pelo parlamento europeu. A mesma reafirma que a dignidade e os direitos fundamentais são o eixo jurídico sobre o qual a Europa deve desenvolver-se. No mesmo ano, há a Constituição Comunitária dos Direitos Sociais Fundamentais dos Trabalhadores.

Em 1998, criou-se a Corte Permanente de Justiça dos Direitos Humanos, com sede em Estrassburgo, França. Esta Corte veio em substituição à Corte de Direitos Humanos, criada pela Convenção Européia de Direitos Humanos, e à Comissão Européia de Direitos Humanos. Assim,

> Desde a grande reforma em 1998 os cidadãos europeus têm duas possibilidades de peticionar um caso de violação de direitos humanos na Corte. Primeiro, pode ser encaminhada uma petição individual para que a Convenção Européia de Direitos Humanos verifique essa violação. Segundo, é possível peticionar violações de direitos sociais e econômicos, como eles estão consagrados na Carta Social Européia, através de uma petição coletiva. Portanto, organizações da sociedade civil podem encaminhar petições sobre saúde, providência social e direitos dos trabalhadores.[89]

Relativamente ao âmbito de proteção americano, em 1948, Bogotá, através da IX Conferência Internacional Americana[90] criou-se

---

[89] Disponível em: <http://boell-latinoamerica.org/download_pt/Cartilha_DH_Mercosul. pdf> Acesso em: 7 de fev. 2007.

[90] Reformada pelo Protocolo de Buenos Aires em 1967, pelo Protocolo de Cartagena das Índias em 1985, pelo Protocolo de Washington em 1992, e pelo Protocolo de Manágua em 1993.

a Organização dos Estados Americanos (OEA), cujo preâmbulo de sua carta de criação "o verdadeiro sentido da solidariedade americana e de boa vizinhança não se pode conceber senão consolidando, no continente e no quadro das instituições democráticas, um regime de liberdade individual e de justiça social baseado no respeito a direitos fundamentais do homem". Esta carta estabeleceu, ainda, a criação de uma Comissão Interamericana dos Direitos do Homem, órgão consultivo da OEA.

De acordo com o magistério de Piovesan,[91] o sistema interamericano pode ser dividido em duas formas. A primeira, calcada na Convenção Americana assinada em 22 de novembro de 1969 em São José, Costa Rica, e a segunda, Carta da Organização dos Estados Americanos.

Em 26 de fevereiro de 1997, aprova-se pela Comissão Interamericana de Direitos Humanos o projeto de Declaração Americana sobre Direitos dos Povos Indígenas, estabelecendo o direito à erradicação da pobreza, à educação, dentre outros, prevendo, inclusive um capítulo específico a respeito de direitos econômicos sociais e de propriedade.[92]

Em 11 de setembro de 2001, temos a Carta Democrática Interamericana, que reza em seu art. 4º: "São componentes fundamentais do exercício da democracia a transparência das atividades governamentais, a probidade, a responsabilidade dos governos na gestão pública, o respeito dos direitos sociais e a liberdade de expressão e de imprensa". Em seu art. 13º estabelece que: "A promoção e observância dos direitos econômicos, sociais e culturais são inerentes ao desenvolvimento integral, ao crescimento econômico com eqüidade e à consolidação da democracia dos Estados do Hemisfério".

Em 26 de junho de 1981 (a mesma entrou em vigor em 21 de outubro de 1986),[93] no continente africano, firma-se a Carta Africana dos Direitos do Homem e dos Povos, a chamada Carta de Banjul

---

[91] PIOVESAN, Flávia. *Direitos humanos e o direito constitucional internacional*. 2. ed. São Paulo: Max Lemonad, 1997, p. 223.

[92] Ainda, O Conselho Mundial dos Povos Indígenas, reunido em Porto Alberni, em 1975, aprovou a "Declaração Solene dos Povos Indígenas do Mundo", visando à garantia de sua cultura, enfim, de sua própria existência.

[93] ANDRADE, José Fischel. O sistema africana de proteção dos direitos humanos e dos povos Disponível em: <http://www.dhnet.org.br/direitos/sip/africa/sistemaafricano.htm> Acesso em: 19 nov. 2006.

(cidade da Gâmbia onde foi firmada), que prevê a garantia da dignidade da pessoa humana, direito à saúde, educação, etc.

Em Ovagadongou, em 09 de junho de 1998, firmau-se protocolo que trata da criação de uma Corte Africana dos Direitos do Homem e dos Povos.

Por fim, um breve olhar sobre outros âmbitos de proteção.

Em que pesem as diversas diferenças passíveis de serem apontadas em relação à civilização ocidental, os islâmicos, em 1980, firmam a Declaração Universal dos Direitos Humanos, que em seu prefácio sustenta serem os direitos ali expressos assegurados por Deus, com vista a conferir honra e dignidade à humanidade. Em seu texto, encontramos expressa menção a direitos sociais, como, por exemplo, educação, moradia.

Em 1990, cria-se a Declaração dos Direitos Humanos do Cairo[94] e em 1994 a Carta Árabe dos Direitos Humanos.

Não obstante a existência destes documentos, o principal ainda continua sendo o Corão. O Corão é um dogma na religião islâmica e representa o conjunto de todas as leis, ou seja, representa o código civil, penal, etc. A leitura deste livro sagrado dos muçulmanos que teria sido revelado por Deus a Maomé, deve ser complementada pela Sunna, coletânea de registros de discursos do profeta Maomé.

2.1.3. Plano constitucional brasileiro

A primeira Constituição brasileira, a do Império, em 1824, durante o período no qual ainda vigorava o regime escravocrata (que pelo menos no âmbito formal, seu fim deu-se em 1888, com a Lei Áurea, sendo antecedida, entretanto, pela Lei do Ventre Livre, que considerava os filhos nascidos de escravos como libertos e, em 1885,

---

[94] Segundo ALVES DA FROTA, Hidemberg: A universalidade dos direitos humanos no mundo islâmico. In: ANUÁRIO Mexicano de Direito Internacional. Disponível em: <http://www.juridicas.unam.mx/publica/rev/derint/cont/6/art/art2.htm> Acesso em: 7 fev. 2007 "foi precedida pela desilusão de setores da comunidade muçulmana com o Ocidente e pelo ressurgimento dos movimentos islâmicos conservadores, ambos resultados quer da busca pela preservação da identidade islamita em meio aos embates ideológicos da Guerra Fria entre os Estados Unidos e a União Soviética, quer da derrota árabe (do Egito, Jordânia e Síria) para Israel na Guerra Árabe-Israelita de 1967, a nominada Guerra dos Seis Dias ou Guerra de Junho (ao cabo da qual Israel assumiu o controle da Península do Sinai, da Faixa de Gaza, das Colinas do Golã, da Cisjordânia e anexou Jerusalém Oriental"

a Lei do Sexagenário, que concedia a liberdade para os escravos maiores de sessenta anos de idade) estabelecia quase que somente os direitos de liberdade, e seu art. 178 afirmava: "A inviolabilidade dos Direitos Civis, e Politicos dos Cidadãos Brazileiros, que tem por base a liberdade, a segurança individual, e a propriedade, é garantida pela Constituição do Imperio, pela maneira seguinte:". Note-se que o voto era censitário, não havendo como se falar, naquele momento, em um Estado propriamente democrático.

Entretanto, apesar do voto censitário, da manutenção de privilégios, e de outras formas de discriminação, nesta Constituição encontramos o direito à educação, assegurando a instrução primária e gratuita aos cidadãos, conforme previsão do art. 179, inc. XXXII: "A Instrucção primaria, e gratuita a todos os Cidadãos."

A Constituição brasileira seguinte, de 1891, novamente assegurava os direitos tipicamente liberais, através de um Capítulo chamado "Declaração de Direitos" no qual no art. 72 assegurava aos brasileiros e estrangeiros residentes no país a inviolabilidade dos direitos concernentes à liberdade, à segurança individual e à propriedade. Logo em seguida, em seu art. 75, atribuía o direito à aposentadoria que, apesar de ser devida somente aos funcionários públicos em caso de invalidez no serviço da nação, já representa outra inserção dos direitos sociais no âmbito constitucional.

Em 1934, a Constituição brasileira, inspirada no Constitucionalismo Social emergente na Europa, inicialmente, e vinda a partir do movimento constitucionalista contrário ao governo provisório de Getúlio Vargas, que resultou na Revolução de 1932, em seu art. 113, assegura aos brasileiros e aos estrangeiros residentes no País a inviolabilidade dos direitos concernentes à liberdade, à subsistência, à segurança individual e à propriedade. No item 34, do art. 113, assegurava a todos o direito de prover à própria subsistência e à de sua família, mediante trabalho honesto, devendo o Poder Público amparar, na forma da lei, os que estejam em indigência.

Verifica-se, portanto, uma preocupação do constituinte com a questão de garantir o mínimo de subsistência aos necessitados. Importante mencionar que, pela primeira vez no constitucionalismo brasileiro se criou um capítulo dedicado à ordem econômica e social vinculando-o, diretamente, a garantia de uma vida digna, logo estabelecia: "Art 115 – A ordem econômica deve ser organizada conforme os princípios da Justiça e as necessidades da vida nacional, de modo que possibilite a todos existência digna. Dentro desses limites, é garantida a liberdade econômica." Assegurava, ainda, o direito à sindicalização e apresentava um rol de direitos trabalhistas.[95]

No âmbito do direito à saúde, a Carta de 1934 previa que a competência legislativa era assegurada à União e aos Estados.

Por fim, há ainda a expressa manifestação do direito à educação como direito de todos, garantindo a gratuidade do primário e tendência à gratuidade do depois do primário. Por fim, estabelece formas de aposentadoria no âmbito do funcionalismo público mas, desta vez, de forma mais exemplificada e ampla.

Posteriormente, temos a Constituição de 1937 que, em seu art. 122, assegura aos brasileiros e estrangeiros residentes no País o direito à liberdade, à segurança individual e à propriedade. Quanto ao direito à educação, assim dispõe:

> Art 130 – O ensino primário é obrigatório e gratuito. A gratuidade, porém, não exclui o dever de solidariedade dos menos para com os mais necessitados; assim,

---

[95] Art. 121. A lei promoverá o amparo da produção e estabelecerá as condições do trabalho, na cidade e nos campos, tendo em vista a proteção social do trabalhador e os interesses econômicos do País. § 1º – A legislação do trabalho observará os seguintes preceitos, além de outros que colimem melhorar as condições do trabalhador: a) proibição de diferença de salário para um mesmo trabalho, por motivo de idade, sexo, nacionalidade ou estado civil; b) salário mínimo, capaz de satisfazer, conforme as condições de cada região, às necessidades normais do trabalhador; c) trabalho diário não excedente de oito horas, reduzíveis, mas só prorrogáveis nos casos previstos em lei; d) proibição de trabalho a menores de 14 anos; de trabalho noturno a menores de 16 e em indústrias insalubres, a menores de 18 anos e a mulheres; e) repouso hebdomadário, de preferência aos domingos; f) férias anuais remuneradas; g) indenização ao trabalhador dispensado sem justa causa; h) assistência médica e sanitária ao trabalhador e à gestante, assegurando a esta descanso antes e depois do parto, sem prejuízo do salário e do emprego, e instituição de previdência, mediante contribuição igual da União, do empregador e do empregado, a favor da velhice, da invalidez, da maternidade e nos casos de acidentes de trabalho ou de morte; i) regulamentação do exercício de todas as profissões; j) reconhecimento das convenções coletivas, de trabalho. § 2º – Para o efeito deste art., não há distinção entre o trabalho manual e o trabalho intelectual ou técnico, nem entre os profissionais respectivos. § 3º – Os serviços de amparo à maternidade e à infância, os referentes ao lar e ao trabalho feminino, assim como a fiscalização e a orientação respectivas, serão incumbidos de preferência a mulheres habilitadas. § 4º – O trabalho agrícola será objeto de regulamentação especial, em que se atenderá, quanto possível, ao disposto neste art.. Procurar-se-á fixar o homem no campo, cuidar da sua educação rural, e assegurar ao trabalhador nacional a preferência na colonização e aproveitamento das terras públicas. § 5º – A União promoverá, em cooperação com os Estados, a organização de colônias agrícolas, para onde serão encaminhados os habitantes de zonas empobrecidas, que o desejarem, e os sem trabalho. Art 123 – São equiparados aos trabalhadores, para todos os efeitos das garantias e dos benefícios da legislação social, os que exerçam profissões liberais.

por ocasião da matrícula, será exigida aos que não alegarem, ou notoriamente não puderem alegar escassez de recursos, uma contribuição módica e mensal para a caixa escolar.

A saúde, por sua vez, será legislada através de normas de competência da União que assegurarão sua defesa e proteção, em especial no que diz com as crianças (art.16, inciso XXVII)

No âmbito da relação trabalhista, mais uma vez, apresenta um rol extenso de direitos, o que se repetirá até os dias de hoje.[96]

Por fim, garante diversos direitos aos funcionários públicos, assim como a Constituição anterior.

Note-se, entretanto, que em que pese a previsão de uma série de direitos sociais, o período em que mencionada Constituição foi outorgada, estávamos no período do Estado Novo, um regime dita-

---

[96] Art. 137. A legislação do trabalho observará, além de outros, os seguintes preceitos: a) os contratos coletivos de trabalho concluídos pelas associações, legalmente reconhecidas, de empregadores, trabalhadores, artistas e especialistas, serão aplicados a todos os empregados, trabalhadores, artistas e especialistas que elas representam; b) os contratos coletivos de trabalho deverão estipular obrigatoriamente a sua duração, a importância e as modalidades do salário, a disciplina interior e o horário do trabalho; c) a modalidade do salário será a mais apropriada às exigências do operário e da empresa; d) o operário terá direito ao repouso semanal aos domingos e, nos limites das exigências técnicas da empresa, aos feriados civis e religiosos, de acordo com a tradição local; e) depois de um ano de serviço ininterrupto em uma empresa de trabalho contínuo, o operário terá direito a uma licença anual remunerada; f) nas empresas de trabalho continuo, a cessação das relações de trabalho, a que o trabalhador não haja dado motivo, e quando a lei não lhe garanta, a estabilidade no emprego, cria-lhe o direito a uma indenização proporcional aos anos de serviço; g) nas empresas de trabalho continuo, a mudança de proprietário não rescinde o contrato de trabalho, conservando os empregados, para com o novo empregador, os direitos que tinham em relação ao antigo; h) salário mínimo, capaz de satisfazer, de acordo com as condições de cada região, as necessidades normais do trabalho; i) dia de trabalho de oito horas, que poderá sér reduzido, e somente suscetível de aumento nos casos previstos em lei; j) o trabalho à noite, a não ser nos casos em que é efetuado periodicamente por turnos, será retribuído com remuneração superior à do diurno; k) proibição de trabalho a menores de catorze anos; de trabalho noturno a menores de dezesseis, e, em indústrias insalubres, a menores de dezoito anos e a mulheres; l) assistência médica e higiênica ao trabalhador e à gestante, assegurado a esta, sem prejuízo do salário, um período de repouso antes e depois do parto; m) a instituição de seguros de velhice, de invalidez, de vida e para os casos de acidentes do trabalho; n) as associações de trabalhadores têm o dever de prestar aos seus associados auxílio ou assistência, no referente às práticas administrativas ou judiciais relativas aos seguros de acidentes do trabalho e aos seguros sociais. Art 138 – A associação profissional ou sindical é livre. Somente, porém, o sindicato regularmente reconhecido pelo Estado tem o direito de representação legal dos que participarem da categoria de produção para que foi constituído, e de defender-lhes os direitos perante o Estado e as outras associações profissionais, estipular contratos coletivos de trabalho obrigatórios para todos os seus associados, impor-lhes contribuições e exercer em relação a eles funções delegadas de Poder Público.

torial onde a previsão de direitos constitucionalmente assegurados era mera previsão [...].

No ano de 1946, com o final da Segunda Guerra e o período de redemocratização, promulga-se a Constituição brasileira de 1946, apontada por alguns como a Constituição mais cidadã que tivemos.

Esta Constituição assegurava aos brasileiros e aos estrangeiros residentes no País a inviolabilidade dos direitos concernentes à vida, à liberdade, à segurança individual e à propriedade. Previa também uma série de direitos trabalhistas.[97]

Posteriormente, trata a respeito da educação em seu art. 166, que reza que a educação é direito de todos e será dada no lar e na escola e deve inspirar-se nos princípios de liberdade e nos ideais de solidariedade humana. Além disso, a teor do art. 168, o ensino primário é obrigatório e só será dado na língua nacional; bem como que o ensino primário oficial é gratuito para todos; o ensino oficial

---

[97] Art. 157. A legislação do trabalho e a da previdência social obedecerão nos seguintes preceitos, além de outros que visem a melhoria da condição dos trabalhadores: I – salário mínimo capaz de satisfazer, conforme as condições de cada região, as necessidades normais do trabalhador e de sua família; II – proibição de diferença de salário para um mesmo trabalho por motivo de idade, sexo, nacionalidade ou estado civil; III – salário do trabalho noturno superior ao do diurno; IV – participação obrigatória e direta do trabalhador nos lucros da empresa, nos termos e pela forma que a lei determinar; V – duração diária do trabalho não excedente a oito horas, exceto nos casos e condições previstos em lei; VI – repouso semanal remunerado, preferentemente aos domingos e, no limite das exigências técnicas das empresas, nos feriados civis e religiosos, de acordo com a tradição local; VII – férias anuais remuneradas; VIII – higiene e segurança do trabalho; IX – proibição de trabalho a menores de quatorze anos; em indústrias insalubres, a mulheres e a menores, de dezoito anos; e de trabalho noturno a menores de dezoito anos, respeitadas, em qualquer caso, as condições estabelecidas em lei e as exceções admitidas pelo Juiz competente; X – direito da gestante a descanso antes e depois do parto, sem prejuízo do emprego nem do salário; XI – fixação das percentagens de empregados brasileiros nos serviços públicos dados em concessão e nos estabelecimentos de determinados ramos do comércio e da indústria; XII – estabilidade, na empresa ou na exploração rural, e indenização ao trabalhador despedido, nos casos e nas condições que a lei estatuir; XIII – reconhecimento das convenções coletivas de trabalho; XIV – assistência sanitária, inclusive hospitalar e médica preventiva, ao trabalhador e à gestante; XV – assistência aos desempregados; XVI – previdência, mediante contribuição da União, do empregador e do empregado, em favor da maternidade e contra as conseqüências da doença, da velhice, da invalidez e da morte; XVII – obrigatoriedade da instituição do seguro pelo empregador contra os acidentes do trabalho. Parágrafo único – Não se admitirá distinção entre o trabalho manual ou técnico e o trabalho intelectual, nem entre os profissionais respectivos, no que concerne a direitos, garantias e benefícios. Art 158 – É reconhecido o direito de greve, cujo exercício a lei regulará. Art 159 – É livre a associação profissional ou sindical, sendo reguladas por lei a forma de sua constituição, a sua representação legal nas convenções coletivas de trabalho e o exercício de funções delegadas pelo Poder Público.

Direitos Fundamentais Sociais e Relações Privadas

ulterior ao primário sê-lo-á para quantos provarem falta ou insuficiência de recursos.

No que diz com o direito à saúde, aponta como obrigação da União sua defesa e promoção, assim como o sistema previdenciário (art. 5°, § 15, alínea *b*)

Importante salientar que, pela primeira vez, a Constituição estabelece um percentual mínimo de aplicação de recursos para a realização de um determinado direito social ao estabelecer que anualmente, a União aplicará nunca menos de dez por cento, e os Estados, o Distrito Federal e os Municípios nunca menos de vinte por cento da renda resultante dos impostos na manutenção e desenvolvimento do ensino. (art. 169)

O Texto de 1967, por sua vez, estabelece em seu art. 150 que "A Constituição assegura aos brasileiros e aos estrangeiros residentes no País a inviolabilidade dos direitos concernentes à vida, à liberdade, à segurança e à propriedade". No art. 158, contempla, mais uma vez, uma série de direitos trabalhistas.[98]

---

[98] Art. 158. A Constituição assegura aos trabalhadores os seguintes direitos, além de outros que, nos termos da lei, visem à melhoria, de sua condição social: I – salário mínimo capaz de satisfazer, conforme as condições de cada região, as necessidades normais do trabalhador e de sua família; II – salário-família aos dependentes do trabalhador; III – proibição de diferença de salários e de critérios de admissões por motivo de sexo, cor e estado civil; IV – salário de trabalho noturno superior ao diurno; V – integração do trabalhador na vida e no desenvolvimento da empresa, com participação nos lucros e, excepcionalmente, na gestão, nos casos e condições que forem estabelecidos; VI – duração diária do trabalho não excedente de oito horas, com intervalo para descanso, salvo casos especialmente previstos; VII – repouso semanal remunerado e nos feriados civis e religiosos, de acordo com a tradição local; VIII – férias anuais remuneradas; IX – higiene e segurança do trabalho; X – proibição de trabalho a menores de doze anos e de trabalho noturno a menores de dezoito anos, em indústrias insalubres a estes e às mulheres; XI – descanso remunerado da gestante, antes e depois do parto, sem prejuízo do emprego e do salário; XII – fixação das percentagens de empregados brasileiros nos serviços públicos dados em concessão e nos estabelecimentos de determinados ramos comerciais e Industriais; XIII – estabilidade, com indenização ao trabalhador despedido, ou fundo de garantia equivalente; XIV – reconhecimento das convenções coletivas de trabalho; XV – assistência sanitária, hospitalar e médica preventiva; XVI – previdência social, mediante contribuição da União, do empregador e do empregado, para seguro-desemprego, proteção da maternidade e, nos casos de doença, velhice, invalidez e morte; XVII – seguro obrigatório pelo empregador contra acidentes do trabalho; XVIII – proibição de distinção entre trabalho manual, técnico ou intelectual, ou entre os profissionais respectivos; XIX – colônias de férias e clínicas de repouso, recuperação e convalescença, mantidas pela União, conforme dispuser a lei; XX – aposentadoria para a mulher, aos trinta anos de trabalho, com salário integral; XXI – greve, salvo o disposto no art. 157, § 7°, § 1°, – Nenhuma prestação de serviço de caráter assistencial ou de benefício compreendido na previdência social será criada, majorada ou estendida, sem a correspondente fonte de custeio total.

Observe-se que no § 1º acima transcrito, já se manifesta uma preocupação do Estado com a chamada "reserva do possível".

O ensino é direito de todos, sendo assegurado gratuitamente o oficial desde que comprovada a insuficiência de recursos, sendo sempre possível, o Poder Público substituirá o regime de gratuidade pelo de concessão de bolsas de estudo, exigido o posterior reembolso no caso de ensino de grau superior.

No que diz com o direito à saúde, a Constituição aduz ser competência da União legislar sobre o tema (art. 8º).

Antes da Constituição de 1988, mas ainda no âmbito da ditadura militar que erigiu ao poder mediante golpe em 1964, temos a emenda Constitucional de 1969 que, não obstante o nome "emenda", era verdadeiramente uma nova Constituição.

No ano de 1988, temos a promulgação de nossa atual Carta que, pela primeira vez, previu com a nomenclatura de Direitos e Garantias Fundamentais no início da Constituição conjuntamente com os princípios, contemplando direitos individuais, sociais, políticos, de nacionalidade e trabalhistas, que deixamos aqui de transcrever por ser, presumidamente, de conhecimento de todos. Além disso, assegura expressamente a dignidade da pessoa humana como fundamento da República Federativa do Brasil.

2.2. Fundamentação e fundamentalidade dos direitos sociais[99] na Constituição brasileira de 1988

2.2.1. Conceito de direitos sociais

Conforme já visto no item referente à evolução histórica dos direitos fundamentais até o reconhecimento dos Direitos Sociais, estes são frutos da evolução histórica e, salvo melhor juízo, excetuando-se este aspecto, pouco convergem os doutrinadores. Não obstante, tentaremos trazer à baila alguns dos principais posicionamentos apresentados pela doutrina, para então podermos verificar em que medida os mesmos podem receber o adjetivo fundamentais. Para tanto, apresentaremos um determinado posicionamento para então,

---

[99] Utilizaremos a terminologia Direitos Sociais, sendo estes entendido de forma ampla conforme disposto no texto constitucional de 1988.

Direitos Fundamentais Sociais e Relações Privadas

a partir dele, tentarmos chegar a um consenso, ainda que minimamente, do que seriam os direitos sociais.

Partindo-se da análise da Constituição brasileira, Sarlet propõe uma definição do que sejam direitos sociais, que em nosso sentir melhor se adequa ao que queremos imprimir do termo "Direitos Sociais". Esse autor parte da denominação genérica "Direitos Sociais" acolhida pelo constituinte originário, aduzindo ser, por esta razão, restrita a problemática ao conteúdo da expressão.

Inicialmente, reconhece-se que o constituinte não atribui o termo "social" somente aos direitos que impliquem prestações, já que também são sociais, segundo Sarlet, aqueles "direitos que asseguram e protegem um espaço de liberdade e a proteção de determinados bens jurídicos para determinados segmentos da sociedade".

Afasta Sarlet construções como as de Contreras, cuja noção conceitual de direitos sociais pode ser extraída a partir do Estado Social, uma vez que é característica, segundo mencionado autor, dos direitos fundamentais serem exigências em relação ao Estado.[100]

Além disso, para Contreras, são direitos/prestações,[101] contextualizados, baseados na solidariedade entre os homens, de titularidade individual, tendencialmente universais, que visam à satisfação das necessidades básicas dos seres humanos.[102] No mesmo sentido, manifesta-se Silva, para quem os direitos sociais são

> [...] prestações positivas proporcionadas pelo Estado direta ou indiretamente, enunciadas em normas constitucionais, que possibilitam melhores condições de vida aos mais fracos, direitos que tendem a realizar a igualização de situações sociais desiguais. São, portanto, direitos que se ligam ao direito de igualdade. Valem como pressupostos do gozo dos direitos individuais na medida em que criam condições materiais mais propícias ao auferimento da igualdade real, o que, por sua vez, proporciona condição mais compatível com o exercício efetivo da liberdade.[103]

O requisito "prestação" como forma de demarcar a noção de direitos sociais não nos parece, na esteira dos ensinamentos de Sar-

---

[100] CONTRERAS, Francisco. *Derechos sociales*: teoria e ideologia. Madrid: Tecnos, 1994, p. 15.

[101] No mesmo sentido, manifesta-se COSSIO DIAZ José Ramón. *Estado social y derechos de prestacion*. Madrid: Centro de Estúdios Constitucionales, 1989, p. 46.

[102] CONTRERAS, op. cit.

[103] SILVA, José Afonso da. *Curso de direito constitucional positivo*. 27. ed. São Paulo: Melheiros, 2006, p. 286-287.

let,[104] satisfatório, pois não são apenas os direitos sociais que possuem uma dimensão prestacional, nem mesmo se encerra nela. Eles possuem um caráter híbrido,[105] não sendo adequado, portanto, tratar indistintamente todos os direitos sociais como direitos a prestações vinculadas ao Estado, até mesmo porque, conforme objetivamos demonstrar neste trabalho, os particulares também se encontram vinculados aos direitos sociais.

Galdino, com base no pensamento exposto por Holmes e Sustein, na obra *"The Cost of rights"*, aduz que todos os direitos encerram-se num direito positivo não existindo, portanto, direito puramente negativo.[106] Holmes e Sustein sustentam que nem mesmo o direito à propriedade é puramente negativo, pois a mesma é criada e garantida pelo Estado,[107] e não reconhecida por ele.

Além disso, há toda uma estrutura burocrática mantida pelo Estado, para garantir o exercício dos direitos negativos, nas palavras do próprio Sunstein: "So-called negative rigths are emphatically positive rights. In fact all rights, even the mostconvencional, have costs".[108] Desta forma, o que há, em verdade, segundo estes autores, são direitos (positivos) com dimensões negativas e positivas.[109]

Entretanto, entendemos ser um pouco audacioso este pensamento, porquanto, conforme apontado por Sarlet, o juiz não irá negar, por exemplo, que exista o direito à liberdade com base na falta de recursos para garanti-la. Além disso, há ainda a questão de que o gasto efetuado pelo Estado para garantir os direitos negativos não implica negar a existência destes, e sim garantir sua efetividade, pois

---

[104] SARLET, Ingo Wolfgang. O direito público em tempos de crise. In: SARLET, Ingo Wolfgang (Org.) *Os direitos fundamentais sociais na Constituição de 1988*. Porto Alegre: Livraria do Advogado, 1999a, p. 129-173.

[105] PISARELO, Gerardo. *Vivienda para todos*: um derecho en (de)construcción: El derecho a uma vivienda digna y adecuada como derecho exigible. Barcelona: Içaria, 2003, p. 29.

[106] Embora o autor admita a possibilidade de existir uma eficácia na esfera privada. (GALDINO, Flávio. O custo dos direitos. In: TORRES, Ricardo Lobo (Org.) *Legitimação dos direitos humanos*. Rio de Janeiro: Renovar, 2002, p. 188, p. 215).

[107] Ibid., p. 223.

[108] SUNSTEIN, Cass. Social and economic rights? lessons from South Africa. In: DESIGNING democracy: what constitution do. New York: Oxford University , 2001, p. 221-237. No mesmo sentido: NABAIS, 2006.

[109] Gustavo Amaral comunga do mesmo posicionamento conforme se conclui da leitura de sua obra Direito, Escassez e escolha, em especial nas páginas 69 a 85. (AMARAL, G., 2001, p. 88).

o custo é fruto de ter tomado para si a tutela dos direitos, sendo vedada (e punida) a tutela particular.[110]

Além disso, reconhece-se que o constituinte não atribui o termo "social" somente aos direitos que impliquem prestações, já que também são sociais, conforme apontado anteriormente, direitos que asseguram e protegem espaços de liberdade, mesmo que para determinados segmentos da sociedade.

Assim, não é o direito/dever à prestação nota distintiva dos direitos sociais.

Além disso, à luz do disposto no art. 5°, § 2°, da Constituição brasileira existe uma série de outros direitos que não estão expressos dentro do catálogo dos direitos sociais do título II da CF, tais como os direitos implícitos, decorrentes do regime e dos princípios constitucionais, bem como aqueles decorrentes dos tratados internacionais.

Assim, a denominação *direitos sociais* encontra sua razão de ser na circunstância – comum aos direitos sociais prestacionais e aos direitos sociais de defesa – de que todos consideram o ser humano na sua situação concreta na ordem comunitária (social), objetivando, em princípio, a criação e garantia de uma igualdade e liberdade material (real), seja por meio de determinadas prestações materiais e normativas, seja pela proteção e manutenção do equilíbrio de forças [...].[111]

No entendimento de Peces-Barba, os direitos sociais seriam aqueles que, além de uma prestação, dizem com a garantia de exercício da liberdade,[112] aproximando-se, portanto, ainda que em parte, da concepção mais flexível e constitucionalmente adequada, por nós privilegiada, na esteira de Sarlet.

Assim, podemos definir os direitos sociais como direitos vinculados à garantia do bem-estar social das pessoas, devendo o Estado e os particulares os respeitarem e promoverem, comportando tanto uma dimensão positiva, quanto negativa. Possuem como núcleo a dignidade da pessoa humana (igualmente multidimensional), o que

---

[110] Excetuando-se, por exemplo, a legítima defesa.

[111] SARLET, 1999a, p. 129-173.

[112] PECES-BARBA, Gregório *Escritos sobre derechos fundamentales*. Madrid: Eudema, 1988, p. 204.

por si só, já é, pelo menos, um indicativo de sua material fundamentalidade, prestando-se a garanti-la, ainda que sob alguns aspectos, bem como, também e em alguns casos, à liberdade, sem, entretanto, e por isso, resumir-se a ela.

2.2.2. *Teses sobre a fundamentalidade dos direitos sociais*

2.2.2.1. *Negativa de fundamentalidade*

Não obstante termos deixado claro, desde o título do presente trabalho, nossa opção por compreender os direitos sociais como direitos fundamentais, não podemos nos furtar de apresentar, ainda que de forma sucinta, alguns dos argumentos contrários à fundamentalidade destes direitos, não apenas como mecanismo de mostrar "os dois lados da mesma moeda", mas exatamente para contribuir, para sufragar que os direitos sociais são direitos fundamentais.

Um dos maiores defensores da não-fundamentalidade dos direitos sociais foi Hayek ao sustentar que há incompatibilidade entre os mesmos e os direitos civis e políticos, pois, ao reconhecimento de direitos sociais corresponderia a destruição da ordem liberal. Isto, pois as normas constitucionais se prestariam à limitação do governo, sendo a intervenção reclamada pelos direitos sociais, portanto, uma verdadeira incongruência frente ao modelo liberal que o autor defende, no qual há a superioridade da ordem do mercado.[113]

De acordo com o magistério de Alexy,[114] os argumentos contrários à fundamentalidade dos direitos sociais podem ser divididos em duas categorias, uma formal e outra material.

A essência da primeira jaz na pressuposição de que os direitos sociais não são justiciáveis, ou o são em medida quase que insignificante. Isto porque o conteúdo dos mesmos é muito impreciso, exigindo a necessidade de *interpositio legislatoris,* pois em função do princípio da separação dos poderes a competência para deliberar sobre o conteúdo destes direitos cabe ao Poder Legislativo, e não ao Poder Judiciário quando de sua aplicação.

No que diz com a material, a essência é a antes exposta através da teoria de Hayek. Assim, brevemente, o argumento é de que os

---

[113] ESPADA, João Carlos. *Direitos sociais de cidadania.* São Paulo: Massao Ohno, 1999, p. 15.
[114] ALEXY, 1997, p. 491.

direitos sociais confrontariam com a materialidade da Constituição que assegura direitos de liberdade.

Como posicionamento mais radical, ou seja, sustentado, no nosso sentir, que o reconhecimento de direitos fundamentais sociais poderia levar até mesmo, a supressão da dignidade da pessoa humana, pelo menos em sua dimensão de responsabilização pessoal pelas próprias escolhas. Neuner cita o posicionamento de Humboldt, para quem os direitos sociais bloqueariam a "tarefa, de responsabilidade própria, do planejamento da vida, levariam a indolência e à insatisfação e, por último, terminariam em uma interdição do cidadão".[115]

No que tange à doutrina brasileira, há o magistério do jurista Torres, para quem os direitos sociais são carecedores de fundamentalidade, salvo quando representarem o mínimo necessário para o exercício da liberdade. Reduz, portanto, a fundamentalidade dos direitos sociais ao mínimo existencial, tanto em sua dimensão negativa, que implica a vedação de tributos sobre os direitos sociais mínimos, quanto na positiva, manifestada através de prestações materiais estatais devidas tão-somente àqueles que não forem capazes de realizá-las por seus próprios meios.[116] Esta limitação seria, para o autor, um caminho para a superação da ineficácia social desses direitos que, uma vez atribuída fundamentalidade além do mínimo existencial, geraria o comprometimento do mínimo.

Em outras palavras, para o jurista, aos direitos sociais somente confere-se o adjetivo "fundamentais" e as suas conseqüências naquilo que diz com o mínimo existencial, sendo este um mecanismo de proteção do direito à liberdade através da garantia de elementos materiais mínimos para o seu exercício.[117] Nas palavras do próprio autor: "O fundamento do direito ao mínimo existencial, conseguintemente, está nas condições para o exercício da liberdade".[118]

---

[115] NEUNER, Jörg. Os direitos humanos sociais. SARLET, Ingo (Org.). *Anuário da Ajuris*, 2004-2005. Porto Alegre, 2006, p. 145-168.

[116] Ver distinção entre as dimensões no capítulo 2.2.4, da primeira parte.

[117] TORRES, Ricardo Lobo. A metamorfose dos direitos sociais em mínimo existencial. In: SARLET, Ingo Wolfgang (Org.) *Direitos fundamentais sociais:* estudos de direito constitucional, internacional e comparado. São Paulo: Renovar, 2003, p. 1-46.

[118] No mesmo sentido, ver: NABAIS, 2006. "Por conseguinte, e esta é a primeira idéia, todos os direitos fundamentais estão ao serviço ou são função da liberdade. Esta vale assim não só face aos direitos de liberdade ou face às liberdades clássicas inconcebíveis sem ela, mas também no concernente aos direitos políticos, por um lado, e aos direitos sociais, por outro. Efetivamente, também nestes dois últimos grupos de direitos é a exigência de um mínimo de 'igual liber-

O cerne do pensamento desenvolvido por Torres encontra-se, conforme apontado pelo mesmo, na "metamorfose dos direitos da justiça em direitos da liberdade", em especial através da noção de solidariedade vinculada à idéia de liberdade, e não de justiça, pois a segunda somente fundamenta os direitos sociais no âmbito daqueles que sofrem injustiças sociais. Assim, os direitos sociais fariam parte do catálogo dos direitos fundamentais, tão-somente, pelo prisma formal, uma vez que, materialmente, não merecem a designação de "fundamentais".[119] Existiria, destarte, um mínimo social, vinculado ao campo da liberdade e dos direitos fundamentais, e o máximo social, que integra os campos dos direito sociais.[120] Neste sentido, colacionamos a seguinte passagem:

> No que concerne aos indigentes e às pessoas sem – teto a moradia é direito fundamental, integrando-se ao mínimo existencial e tornando obrigatória a prestação do Estado. Já as moradias populares ou a habitação para a classe média se tornaram direitos sociais, dependentes das políticas públicas e das opções orçamentárias.[121]

No mesmo sentido, para Alexy,[122] a definição sobre quais os direitos fundamentais sociais que o indivíduo dispõe dependerá da ponderação entre princípios: liberdade fática, competência para legislação, etc. Assim, os direitos sociais mínimos são direitos fundamentais. No que diz com a possibilidade de justiciabilidade – o que, para o autor, não interfere no reconhecimento deles enquanto fundamentais – o jusfilósofo germânico sustenta ser imprescindível realizar-se uma ponderação à luz do caso concreto. Caso seja verificado tratar-se de um direito vinculado ao mínimo existencial, e cuja aplicação não resulte em supressão total de outro bem jurídico-fundamental ou não, é possível admitir-se um direito subjetivo a determinada prestação material.[123]

---

dade' que está em causa – um mínimo de igualdade política e um mínimo e igualdade social – que permita o exercício da liberdade daqueles que têm esta total ou fortemente bloqueada. Pelo que se impõe repor a liberdade como o 'bem jurídico' (ou denominador) comum de todos os direitos fundamentais e, por conseguinte, como parâmetro da sua fundamentalidade"

[119] TORRES, Ricardo Lobo. A cidadania multidimensional na era dos direitos. In: TORRES, Ricardo Lobo (Org.) *Teoria dos direitos fundamentais.* Rio de Janeiro: Renovar, 1999, p. 278-279.

[120] Ibid., p. 280.

[121] Ibid., p. 285.

[122] ALEXY, 1997, p. 488.

[123] ALEXY, Robert. *Teoria de los derechos fundamentales.* Madrid: Centro de estúdios políticos y constitucionales, 2001.

A definição do que implicaria o mínimo existencial continua sendo uma questão complexa na doutrina e na jurisprudência. Torres defende que o mínimo existencial se confunde com a idéia dos direitos fundamentais sociais *stricto sensu*.[124]

Barcellos, em esclarecedor artigo, traça linhas, na esteira do pensamento de Alexy, a serem adotadas na determinação do conteúdo do mínimo existencial, concluindo que:

> O mínimo existencial, como exposto, é exatamente o conjunto de circunstâncias materiais mínimas a que todo homem tem direito; é o núcleo irredutível da dignidade da pessoa humana. É, portanto, a redução máxima que se pode fazer em atenção aos demais princípios.[125]

Conforme Sarlet, o mesmo pode ser definido como um "conjunto de garantias materiais para uma vida condigna".[126] Não há, portanto, segundo o mencionado autor, como sustentar-se que o mínimo existencial seja sinônimo ou reduza-se ao mínimo vital, muito embora esse seja pressuposto da garantia do mínimo existencial, pois não há como garanti-lo sem garantir a mantença da vida da pessoa.

O mínimo vital é, portanto, o começo, mas nunca o fim. Além disso, para o mencionado autor, os direitos sociais não se resumem ao mínimo existencial, sendo este um patamar mínimo exigível representando, inclusive, um direito social autônomo.[127] No mesmo sentido, posiciona-se Cléve ao aduzir que a Constituição aponta para um nível máximo de garantia possível, e não mínimo, "[...] dependendo isso apenas do comprometimento da sociedade e do governo e da riqueza produzida pelo país".[128]

Feitas estas breves colocações a respeito de alguns posicionamentos contrários à fundamentalidade dos direitos sociais, passemos agora a analisar os aspectos e características de sua nota de fundamentalidade.

---

[124] TORRES, 2003, p. 1-46.

[125] BARCELLOS, Ana Paula. O mínimo existencial e algumas fundamentações: John Rawls, Michael Walzer e Robert Alexy. In: TORRES, Ricardo Lobo (Org.) *Legitimação dos direitos Humanos*. Rio de Janeiro: Renovar, 2002, p. 45.

[126] SARLET, 2005b, p.

[127] Ibid., BARCELLOS, op. cit. ALEXY, 1997, p. 490.

[128] CLÉVE, Clemerson. Título. Revista Crítica Jurídica, n. 22, jul./dez. 2002. Disponível em: <http://www.unibrasil.com.br/publicacoes/critica/22/a.pdf#search=%22efic%C3%A1cia%20horizontal%20dos%20direitos%20fundamentais%22> Acesso em: 12 out. 2006.

2.2.2.2. Defesa da fundamentalidade

Não obstante as diversas teorias a respeito do assunto, assente é que a opção do legislador constituinte brasileiro foi no sentido de considerar os direitos sociais como direitos fundamentais, ao menos no que diz com o seu espectro de fundamentalidade formal pela previsão dos mesmos no rol do art. 6º (pelo menos a maior parte deles) dentro do catálogo dos direitos e garantias fundamentais (Título II). Assim, a discussão, no que diz com a ordem jurídico-constitucional brasileira, dá-se mais no plano da fundamentalidade material do que da formal, reforçada pela previsão da abertura material do catálogo previsto no art 5º, § 2º, da Constituição brasileira de 1988, bem como pela parte final do art. 7º que dispõe que são também direitos dos trabalhadores outros que visem à melhoria de sua condição social.

Reza o art. 5º, § 2º, da Constituição brasileira de 1988 que os direitos e garantias nela expressos não excluem outros decorrentes do regime e dos princípios por ela adotados, ou dos tratados internacionais em que a República Federativa do Brasil seja parte. Trata-se, conforme já referido, da abertura material do catálogo dos direitos fundamentais.[129]

Desta forma, pode-se afirmar que inseridos na Constituição (sentido formal) existem direitos fundamentais positivados dentro do catálogo (direitos formalmente fundamentais, que poderão também serem materialmente) direitos fundamentais fora do catálogo que assim são considerados a partir de uma leitura material, bem como existem direitos fundamentais que estão fora da Constituição (sentido formal), mas que também guardam relação com o regime e os princípios adotados, residindo aí sua nota de fundamentalidade materialmente considerada. Por fim, há também a possibilidade de serem direitos fundamentais os decorrentes de tratados e acordos internacionais em que o Brasil seja parte.

Ora, se a dignidade da pessoa humana, enquanto fundamento da República Federativa do Brasil, a construção de uma sociedade livre, justa e solidária, a erradicação da pobreza, a diminuição das desigualdades sociais e regionais e a promoção do bem de todos,

---

[129] Sobre o assunto, ver DOBROWOLSKI, Sílvio. *Direitos fundamentais:* a cláusula de expansão do art. 5º, § 2º, da Constituição de 1988 Disponível em: <http://www.revistadoutrina.trf4. gov.br/index.htm?http://www.revistadoutrina.trf4.gov.br/arts/edicao011/rosanne_cunha. htm> Acesso em: 18 out. 2006.

como objetivos da República Federativa do Brasil, são todos princípios fundamentais no âmbito brasileiro, não é crível admitir-se, com algum grau de fidelidade aos ditames constitucionais brasileiros, que os direitos sociais não sejam também materialmente fundamentais.

Assim sendo, tanto formal quando materialmente, os direitos sociais merecem a qualificação de fundamentais. Em que pesem tais pontuações, não nos furtaremos em apresentar os diversos posicionamentos doutrinários a respeito do tema que, no nosso sentir, virão a corroborar, mesmo que a partir de críticas aos mesmos, à defesa da fundamentalidade dos direitos sociais.

Segundo Peces-Barba, o primeiro argumento a justificar a fundamentalidade dos direitos sociais é a sua conexão com os direitos políticos.

> Su objetivo era la igualdad a través de lá satisfacción de necesidades básicas, sin las cuales muchas personas no podián alcanzar los niveles de humanidad necesarios para disfrutar de los derechos individuales, civiles y politicos, para disfrutar de sus benefícios.[130]

Residiria aí, portanto, a noção de indivisibilidade dos direitos sociais em relação aos direitos políticos. Para o autor, a negativa de fundamentalidade aos direitos econômicos, sociais e culturais consiste na noção de negação de apoio por parte do Estado aos que necessitam de ajuda para garantir suas necessidades básicas. Frente a tal constatação, aduz que a universalidade dos direitos sociais não pode, em princípio, ser o ponto de partida dos mesmos, pois se trata de tratar desigualmente os desiguais, "por lo que titulares de los derechos económicos, sociales y culturales sólo deben ser aquellas personas que necessitan el apoyo, y no quienes no lo necesitan".[131]

Segundo Neuner, o fundamento para a legitimação dos direitos sociais como direitos humanos encontra-se na dignidade da pessoa humana, sendo a sua garantia um mecanismo de complementação e concretização.[132] Assim, o mínimo de proteção deve existir, sob pena de comprometer a própria dignidade da pessoa humana. Além de

---

[130] PECES-BARBA, 1998.

[131] Ibid. Note-se, entretanto, que no âmbito do sistema constitucional brasileiro, a saúde é assegurada à todos! Tal situação, segundo o pensamento de Barba somente vem a prejudicar a realização dos objetivos dos direitos sociais, pois se está investindo em que não precisa.

[132] NEUNER, 2006, p. 145-168.

garantir a dignidade da pessoa humana, Neuner atribui outras funções aos direitos sociais: assegurar a liberdade, assegurar a democracia, assegurar a paz, garantir tratamento igualitário e proteger a dignidade da pessoa humana.

Assim, em sendo a dignidade da pessoa humana o elo condutor da fundamentalidade e fundamentação dos direitos sociais, e de todos os direitos fundamentais segundo alguns,[133] passemos agora a breves considerações sobre a dignidade da pessoa humana.

Segundo Sarlet:

> O que se percebe, em última análise, é que onde não houver respeito pela vida e pela integridade física do ser humano, onde as condições mínimas para uma existência digna não forem asseguradas, onde a intimidade e identidade do indivíduo forem objeto de ingerências indevidas, onde sua igualdade relativamente aos demais não for garantida, bem como onde não houver limitação do poder, não haverá espaço para dignidade da pessoa humana, e esta não passará de mero objeto de arbítrio e injustiças. A concepção do homem-objeto, como visto, constitui justamente a antítese da noção da dignidade da pessoa humana.[134]

Note-se que no âmbito da jurisprudência espanhola a dignidade da pessoa humana não figura enquanto direito fundamental, e sim, como fonte dos direitos fundamentais, não podendo, portanto, propor ação por afronta à dignidade humana, e sim, contra algum dos direitos que são oriundos da mesma.[135] A dignidade, neste contexto, para Segado, é um valor absoluto,[136] posicionamento este do qual discordamos, uma vez que se os demais direitos trazem intrínsecos a dignidade da pessoa humana e admitem relativização, não há como se defender que a mesma é absoluta. Além disso, a própria noção de valor traz, em si, uma carga de relatividade.

A dignidade da pessoa humana representa, portanto, e em última análise, o valor maior vinculante de toda ordem jurídica, quer esteja expressamente positivado – como é o caso da Constituição brasileira – ou não. Ao vincular toda ordem jurídica, engloba tanto o Estado quanto a sociedade civil, sendo ambos co-responsáveis pela garantia, promoção, e não lesão à mesma, pois, conforme sustentado

---

[133] ANDRADE, J. C. V., 2001, p. 109.

[134] SARLET, 2005, p.120

[135] FENÁNDEZ SEGADO, 2006.

[136] Ibid.

Direitos Fundamentais Sociais e Relações Privadas

por Rizzato, "o que interessa mesmo é que se possa garantir a vida, mas uma vida com dignidade".[137]

Por oportuno, registre-se, na esteira dos ensinamentos de Sarlet, que nem sempre a dignidade da pessoa humana equivale ao núcleo essencial dos direitos fundamentais, como é, no nosso sentir, o caso dos direitos sociais elencados no art. 6° da CF. Até mesmo porque é possível, conforme o autor, que com esforço argumentativo todos os direitos constitucionais possam ser reconduzidos à dignidade da pessoa humana, ainda que indiretamente. Assim, deve-se ter este princípio como critério basilar para aferição da fundamentalidade, mas não exclusivo.[138]

Para além da vinculação à dignidade da pessoa humana, podemos apontar, baseando-se em Sarlet, para outros elementos que nos levam à construção da fundamentalidade material. Para evitar repetições desnecessárias, remetemos o leitor ao capítulo que aborda a fundamentalidade formal e material dos direitos fundamentais.[139]

Desta forma, cremos ser possível afirmar-se novamente, mas agora com mais subsídios que os direitos sociais são direitos fundamentais lhes sendo devido, com as respectivas adequações, o mesmo tratamento e prerrogativas próprias dos direitos fundamentais não sociais, ante a sua indivisibilidade,[140] no mínimo no que diz com a garantia do mínimo existencial.

2.2.3. Dimensão objetiva e dimensão subjetiva dos direitos sociais

Doutrinariamente, os direitos fundamentais, o que inclui, ao menos no que diz com a arquitetura constitucional brasileira, os direitos sociais, podem ser dimensionados objetiva ou subjetivamente

---

[137] NUNES, Luiz Antônio Rizzato. *O princípio constitucional da dignidade da pessoa humana.* São Paulo: Saraiva, 2002, p. 52. No mesmo sentido PECES BARBA, Gregório Los derechos econômicos, sociales y culturales: su gênesis y su concepto. *Revista del Instituto Bartolomé de Las Casas,* v. 3, n. 6, feb. 1998.

[138] SARLET, 2005b, p. 127.

[139] Ver capítulo 1.2, primeira parte.

[140]"Todos os direitos humanos são universais, interdependentes e inter-relacionados. A comunidade internacional deve tratar os direitos humanos globalmente de forma justa e equitativa, em pé de igualdade e com a mesma enfase." ONU Declaração de Viena de 1993. Em que pese a declaração referir-se à direitos humanos, estamos a utilizando, neste caso, analogicamente a direitos fundamentais, não obstante a manifestação no capítulo 1, item 1.1

a partir de sua compreensão enquanto valor social objetivado por uma determinada sociedade, ou a partir de um prisma individualizável.

Segundo o magistério de Hesse, os direitos fundamentais possuem duas dimensões possíveis: a subjetiva e a objetiva.[141]

A dimensão objetiva dos direitos fundamentais, não obstante seu tratamento anteriormente à década de cinqüenta, ganhou fôlego com a multicitada decisão proferida pela Corte Constitucional da Alemanha no caso Lüth, em 1958, embora as contribuições extraídas de mencionada decisão não se resumam a isto.

Nesta decisão (que será adiante apresentada de forma mais detida) e no que tange ao que ora estamos analisando, ficou consignado que os direitos fundamentais, além de direitos subjetivos de defesa, "constituem decisões valorativas de natureza jurídico-objetiva da Constituição, com eficácia em todo ordenamento jurídico e que fornecem diretrizes para os órgãos legislativos, judiciário e executivo".[142]

De acordo com Andrade, a dimensão objetiva dos direitos fundamentais trata-se de uma espécie de mais-valia jurídica (cunhando conceito desenvolvido por Marx).[143]

Para Sarmento, esta dimensão prende-se à aceitação de que nos direitos fundamentais residem os "valores mais importantes de uma comunidade política", penetrando em todo o ordenamento jurídico o que não significa dizer que estes direitos impliquem um engessamento da sociedade, devendo, ao contrário, servir como catalizador.[144]

Desta forma, é mister esclarecermos, desde já, que a existência da dimensão objetiva dos direitos fundamentais não leva invariavelmente à conclusão de que há também uma correspondente dimensão subjetiva, não sendo, portanto, como diz Sarlet, o mero "reverso da medalha".[145]

---

[141] HESSE, Konrad. Elementos de direito constitucional na República Federal da Alemanha. Porto Alegre: Fabris, 1998, p. 233.

[142] SARLET, 2005b, p. 141.

[143] ANDRADE, J. C. V., p. 138.

[144] SARMENTO, 2004, p. 171-172.

[145] SARLET, op. cit., p. 158.

Na dicção de Sarlet, a dimensão objetiva possuiu um aspecto valorativo e efeitos jurídicos autônomos em relação à dimensão subjetiva. No que diz com o primeiro, trata-se do reconhecimento de um direito enquanto tal pela comunidade em que está inserido. Além disso, há ainda uma eficácia dirigente[146] que estes desencadeiam não apenas relativamente aos órgãos estatais como, pelo menos de certa maneira, em relação aos particulares.

Quanto aos seus efeitos jurídicos autônomos, ou seja, desvinculado de uma dimensão subjetiva, prestam-se os direitos fundamentais a parâmetros para o controle de constitucionalidade, bem como a impositores legiferantes, determinando uma obrigação constitucional de criação e instituição de mecanismos com vista à plena realização dos direitos fundamentais sociais.[147]

Ademais, possuem uma eficácia irradiante prestando-se a estabelecer diretrizes para a interpretação do direito infraconstitucional, mesmo quando tratar-se de relação estabelecida unicamente entre particulares. Restringir-nos-emos, por ora, apenas a mencionar tal fato, uma vez que o mesmo será objeto de análise própria na segunda parte deste trabalho quando abordaremos as questões relativas à eficácia dos direitos fundamentais nas relações entre particulares.

Além disso, é possível verificar-se manifestação da dimensão objetiva dos direitos fundamentais em um sentido de proteção de normas que criam instituições e institutos públicos ou privados que não podem ser suprimidos pela ação do legislador.

Por fim, é possível ainda, a partir da dimensão objetiva dos direitos fundamentais, extrair a fixação de "parâmetros para a criação e constituição de organizações (ou instituições) estatais e para procedimento".[148] Procedimento entendido como interpretação das normas procedimentais, manifestos através da teoria dos deveres de proteção que será oportunamente desenvolvida em item próprio, mas que, desde já, registramos tratar-se de efeito próprio da dimensão objetiva dos direitos fundamentais.

---

[146] SARLET, op. cit., p. 161.

[147] CANOTILHO, Joaquim José Gomes. *Direito constitucional e teoria da constituição*. 6. ed. Coimbra: Almedina, 2002, p. 130.

[148] SARLET, 2005b, p. 165.

Conforme dissertação de mestrado de Olsen,[149] da compreensão da dimensão objetiva dos direitos fundamentais sociais, é possível deduzir-se fundamento para as restrições a estes direitos em sua dimensão subjetiva, uma vez que a satisfação de determinado direito fundamental social de um cidadão poderá comprometer direitos e bens jurídicos de toda a sociedade, o que leva a uma inevitável ponderação à luz do caso concreto.

Não obstante o tema trabalhado pela autora tenha objeto as obrigações estatais é perfeitamente possível, de forma análoga, transpô-la para a relação estabelecida entre particulares. A título exemplificativo somente, até mesmo porque esta análise será realizada oportunamente em capítulo próprio, podemos apontar a proibição de fumar em determinados lugares, limitando, de um lado, a liberdade de um, em benefício da saúde de outro; ou ainda, o caso dos planos de saúde que, alegadamente, não podem cobrir determinados procedimentos não expressamente previstos contratualmente sob pena de prejudicar os demais.

Além de possuírem uma dimensão objetiva, conforme visto nas linhas que antecedem, os direitos fundamentais possuem uma dimensão subjetiva que não pode ser reduzida tão-somente aos direitos subjetivos públicos, ou seja, não se limitam a direitos de defesa oponíveis ao Estado.

Segundo Hesse, a dimensão subjetiva é aquela em que os direitos fundamentais são vistos como direitos do homem contra o Estado. Para o autor, os direitos fundamentais em sua dimensão subjetiva "tornam possível ao particular defender-se contra prejuízos não autorizados em seu status jurídico-constitucional pelos poderes estatais no caminho do direito".[150] Em contrapartida, sustenta Sarlet que, em que pese a dimensão subjetiva dos direitos fundamentais aparecer mais claramente nos direitos de liberdades, esta não se resume a eles.[151]

Conforme apontado por Alexy, os direitos fundamentais consubstanciam um "sistema de posições jurídicas fundamentais", que,

---

[149] LOPES, Ana Carlina *A eficácia dos direitos fundamentais sociais frente à reserva do possível*. 2006. Dissertação. (Mestrado em Direito) – Faculdade de Direito, Universidade Federal do Paraná, Curitiba, 2006.

[150] HESSE, 1998, p. 233.

[151] SARLET, 2005b, p. 164.

no seu conjunto, formam o direito fundamental como um todo, admitindo três posições básicas, quais sejam, os "derechos a algo" (direitos a ações negativas e a ações positivas), as liberdades e as competências.[152]

Assim, a dimensão subjetiva dos direitos fundamentais manifesta-se, na dicção de Canotilho,[153] mas inspirado na doutrina de Alexy da seguinte forma: os direitos a atos negativos, que possuem uma tríplice perspectiva como o "direito ao não impedimento por parte dos entes públicos de determinados actos", o "direito à não intervenção dos entes públicos em situações jurídico-subjectivas" e o "direito à não eliminação de posições jurídicas"; direitos a ações positivas (seja de natureza fática, seja de natureza normativa); liberdades (alternativa de comportamentos, ou seja, a possibilidade de escolha de um comportamento), inclusive na sua componente negativa, a exemplo de "ter ou não ter uma religião, fazer ou não fazer parte de uma associação"; por fim, competências ("possibilidade de o indivíduo praticar determinados actos jurídicos e, conseqüentemente, alterar, através desses actos, determinadas posições jurídicas").

Na divisão elaborada por Sarlet, os direitos subjetivos apresentam-se da seguinte maneira: um "feixe de posições estruturalmente diferenciadas" ou o "tripé de posições fundamentais": "direitos a qualquer coisa" (direitos de defesa e direitos a prestações); liberdades (como "negação de exigências e proibições") e os poderes (competências e autorizações).

Na verdade, as proposições dos autores se diferenciam no que diz com a forma de divisão dos elementos, e não no que diz com a substância do instituto.

Mister salientarmos que no que diz com a justiciabilidade deve-se considerar que ao admiti-la não se quer dizer que o poderá sempre em grau máximo, uma vez que, conforme apontado por Sarlet, *"é de intensidade variável e dependente da normatividade de cada direito fundamental."*,[154] aspecto que será considerado mais adiante.

---

[152] ALEXY, 1997, p. 186.

[153] CANOTILHO, José Joaquim Gomes. *Direito constitucional e teoria da Constituição*. 7. ed. Coimbra: Almedina, 2004, p. 1258-1261.

[154] SARLET, 2005b, p. 169.

2.3. Do direito à saúde como direito fundamental social

2.3.1. Conteúdo e significado a partir da Constituição Federal de 1988

O direito à saúde na órbita constitucional brasileira encontra-se previsto no art.6°, dentro do rol dos direitos e garantias fundamentais. Mas não somente neste dispositivo. Ele é contemplado também nos arts. 5°, 7°, 22, 23, 24, 30, 34, 35, 37, 40, 167, 170, 182, 194, 195, 196, 197, 198, 199, 200, 201, 208, 212, 220, 225, 227, 230, 231, da Constituição Federal de 1988, bem como nos arts. 17, 53, 55, 71, 74, 75, da ADCT.

Em que pese a farta normatização constitucional, essa não nos confere uma noção precisa do que seja saúde, razão pela qual se fazem necessário alguns esclarecimentos.

O conteúdo da saúde pode ser extraído da lei brasileira, 8.080/90, que dispõe sobre as condições para a sua promoção, proteção e recuperação, bem como sobre a organização e o funcionamento dos serviços correspondentes tanto no âmbito público, como privado. Conforme esta lei, a saúde é direito fundamental do ser humano, cabendo ao Estado prover as condições indispensáveis ao seu pleno exercício (art. 2°).

Vale ressaltar que em seu § 2° acrescenta que o dever do Estado não exclui o das pessoas, da família, das empresas e da sociedade. Ainda nos termos da Lei, a saúde tem como fatores determinantes e condicionantes, entre outros, a alimentação, a moradia, o saneamento básico, o meio ambiente, o trabalho, a renda, a educação, o transporte, o lazer e o acesso aos bens e serviços essenciais; os níveis de saúde da população expressam a organização social e econômica do País (art. 3°).

Além disso, dizem respeito também à saúde as ações que, por força do disposto no parágrafo único do artigo anterior, se destinam a garantir às pessoas e à coletividade condições de bem-estar físico, mental e social.

A Organização Mundial da Saúde (OMS), órgão da ONU, cuja proposta de criação foi realizada por delegados do Brasil,[155] estabe-

---

[155] Disponível em: <http://www.mre.gov.br/cdbrasil/itamaraty/web/port/relext/mre/nacun/agespec/oms/> Acesso em: 7 out. 2006.

lece a saúde como "completo bem-estar físico, mental e social",[156] posicionamento este que segundo Dejour deve ser relativizado frente a impossibilidade de atingir-se um completo bem-estar físico, mental e social, razão pela qual a saúde deve ser definida com a busca deste estado.[157]

Assim, a saúde não importa apenas a ausência de doença ou enfermidade, pois para além da assistência médica, há também de se observar outros elementos essenciais à efetiva proteção e promoção da saúde humana, aspectos esses que abrangem a questão da renda (já que a pobreza é a maior ameaça à saúde),[158] alimentação, habitação, educação, meio ambiente ecologicamente equilibrado, tecnologia,[159] dentre tantos outros, o que por si só já indica uma multiplicidade de fatores envolvidos.[160]

---

[156] Também utiliza esta mesma noção. KRAUT, Alfredo Jorge. *Los derechos de los pacientes.* Buenos Aires, 1997.

[157] DEJOURS, Christophe. Por um novo conceito de saúde. *Revista Brasileira de Saúde,* São Paulo, p. 1-11, data.

[158] DECLARAÇÃO de Constituição. In: CONFERÊNCIA INTERNACIONAL SOBRE PROMOÇÃO DA SAÚDE, 4., 1997, Indonésia. Disponível em: <http://www.opas.org.br/coletiva/uploadArq/Jacarta.pdf> Acesso em: 15 dez. 2005. Primeira a ter lugar em um país em desenvolvimento e a incluir o setor privado no apoio à promoção da saúde. "Os pré-requisitos para a saúde são: paz, abrigo, instrução, segurança social, relações sociais, alimento, renda, direito de voz das mulheres, um ecossistema estável, uso sustentável dos recursos, justiça social, respeito aos direitos humanos e eqüidade. A pobreza é, acima de tudo, a maior ameaça à saúde". "Cooperação é essencial". "Tanto o setor público quanto o privado deveriam promover a saúde...".

[159] Tecnologia aqui entendido no sentido de liberdade de investigação científica, conforme apontado por PETTERLE, Selma Rodrigues. *O direito fundamental à identidade genética na Constituição brasileira de 1988.* Porto Alegre: Livraria do Advogado, 2007, p. 152.

[160] Documentos referenciais que norteiam a promoção da saúde: a) Constituição de Ottawa I Conferência Internacional sobre Promoção da Saúde. Ottawa, Canadá, novembro de 1986; b) Constituição de São Paulo (versão preliminar) III Conferência Latino Americana de Promoção da Saúde e Educação para a Saúde. São Paulo, Brasil, 10 a 13 de novembro de 2002; c) Declaração de Adelaide Conferência de Adelaide, realizada em abril de 1988; d) Declaração de Alma-Ata Conferência Internacional sobre Cuidados Primários de Saúde. Alma-Ata, URSS, 12 de setembro de 1978; e) Declaração de Jacarta. Quarta Conferência Internacional sobre Promoção da Saúde. Jacarta, Indonésia, 21 a 25 de julho de 1997. Primeira a ter lugar em um país em desenvolvimento e a incluir o setor privado no apoio à promoção da saúde. Interessante que, dentre os pré-requisitos para a saúde apareça o direito de voz das mulheres; f) Declaração de Santafé de Bogotá Colômbia, 9 a 12 novembro de 1992; g) Declaração de Sundsvall, Terceira Conferência Internacional sobre Promoção da Saúde – Ambientes Favoráveis à Saúde. Suécia, 9 a 15 junho de 1991; h) Declaração do México Quinta Conferência Internacional Sobre Promoção da Saúde Cidade do México, México de 05 a 09 de junho de 2000. Disponível em: <http://www.opas.org.br/coletiva/Constituição.cfm?idConstituição=15> Acesso em: 15 dez. 2005.

Assim, fatores como a saúde psíquica também se mostram relevantes tendo reconhecimento, inclusive, como pressuposto para a garantia da saúde o direito de voz das mulheres durante a Convenção de Jacarta.[161] Trata-se, resumidamente, da garantia da qualidade de vida[162] sendo esta entendida em termos amplos.[163]

Liton Sobrinho propõe a seguinte conceituação:

> Um direito individual, de todo cidadão, objetiva o completo bem-estar físico e mental, em que sejam aplicados, ao mesmo tempo, um modelo de promoção e prevenção da saúde, englobando os avanços tecnológicos da engenharia genética, dando condições de igualdade às pessoas no intuito de elevar a expectativa e também a qualidade de vida das pessoas.[164]

Além disso, registremos, embora já tenha sido devidamente permeado em outros momentos, que mais do que pensar a saúde no âmbito do individualismo, ou seja, da cura do mal individualmente considerado no qual cada pessoa busca por si e para si uma solução, devemos pensar a saúde dentro de "uma visão coletivizante da realidade social"[165] no qual a garantia deste direito independe das possibilidades pessoais de cada um até mesmo porque seria a saúde condição para a possibilidade da dignidade da pessoa humana, constituindo-se um "indicador constitucional parametrizante do mínimo existencial".[166]

Verificado o conteúdo e significado da "saúde" reportemo-nos, agora, à análise do direito à saúde na ordem jurídico-constitucional brasileira que, conforme já verificado na introdução do presente capítulo é amplamente descriminado em diversos dispositivos da Constituição.

---

[161] DECLARAÇÃO de Constituição, 1997. As mulheres, na maior parte das ilhas que compõem a Indonésia, são muçulmanas.

[162] MORAES, José Bolzan de Moraes. O direito da saúde. In: SCHWARTZ, Germano (Org.) *A saúde sob os cuidados do direito*. Passo Fundo: UPF, 2003, p. 11-25.

[163] CONSTITUIÇÃO de Ottawa. In: Primeira CONFERÊNCIA INTERNACIONAL SOBRE PROMOÇÃO DA SAÚDE, 1., 1986, Ottawa. Disponível em: <http://www.opas.org.br/coletiva/uploadArq/ottawa.pdf> Acesso em: 15 dez. 2005.

[164] PILAU SOBRINHO, Liton Lanes. O direito à saúde em um contexto autopoiético. In. SCHWARTZ, Germano (Org.) *A saúde sob os cuidados do direito*. Passo Fundo: UPF, 2003, p. 90-107.

[165] MORAES, 2003, p. 11-25.

[166] LEAL, Rogério Gesta. A efetivação do direito à saúde: por uma jurisdição-serafim: limites e possibilidades. *Revista Interesse Público*, Porto Alegre, v. 8, n. 38, p. 63-76, 2006.

O direito à saúde, segundo Leal, é típico direito social, primário e absoluto, "a partir do qual os demais direitos podem ser exercídos e, por esta razão, inviolável".[167] Todavia, cumpre-nos dizer que, conforme já de alguma forma demonstrado ao longo da exposição, não cremos terem os direitos caráter absoluto, podendo e até mesmo devendo ser relativizados à luz do caso concreto.

O direito à saúde, com esta nomenclatura, aparece topograficamente na Carta Magna de 1988, pela primeira vez, no art. 6°,[168] ou seja, dentro do rol dos direitos sociais que, por sua vez, se encontra dentro do Título II "Dos direitos e garantias fundamentais". Assim, pelo menos formalmente, o direito à saúde no sistema jurídico-constitucional brasileiro é direito fundamental, o que não afasta a sua já demonstrada e defendida fundamentalidade material.[169] A conseqüência do reconhecimento da fundamentalidade do direito à saúde reflete-se na possibilidade de sua aplicabilidade imediata, ou, nas palavras de Schwartz, "com exigibilidade judicial sem subterfúgio normativo inferior".[170]

Ainda no rol dos direitos sociais, aparece como direito dos trabalhadores assegurando uma série de direitos que visam exatamente à preservação e à promoção da saúde em suas diversas manifestações.

Nos arts. 22 e 23, cuida-se das competências da União, dentro do Título referente à Organização do Estado, atribuindo aos entes federados competência comum no cuidado da saúde, muito embora seja de competência privativa da União legislar sobre a seguridade social, sendo que, concorrentemente (art. 24) aos Estados e ao Distrito Federal, cabe legislar sobre a proteção e defesa da saúde. Note-se que é possível, com vista à garantia da manutenção e desenvolvimento dos serviços públicos de saúde, que a União intervenha nos

---

[167] Ibid., p.63-76

[168] Já no art. 5° encontramos disposições que guardam relação com o direito à saúde, como por exemplo, o inciso III, que reza que ninguém será submetido à tortura nem a tratamento desumano ou degradante.

[169] A fundamentalidade do direito à saúde, em nossa Constituição, não se restringe à forma, mas também, e especialmente, quanto à matéria. Neste sentido, remetemos o leitor ao capítulo 1.2 da primeira parte, onde abordamos a temática da fundamentalidade formal e material dos direitos sociais.

[170] SCHWARTZ, Germano. *O tratamento jurídico do risco no direito à saúde*. Porto Alegre: Livraria do Advogado, 2004, p. 129.

Estados, atitude esta, em regra, vedada na Constituição brasileira (art. 34).

Ainda dentro da Organização do Estado há a competência do município (art. 30) que deve, em cooperação técnica e financeira com a União e o Estado, prestar serviços de atendimento à saúde aos cidadãos. Aqui também é possível a intervenção do Estado no município também com o objetivo de manutenção e desenvolvimento dos serviços públicos de saúde, nos termos do art. 35 da CF/88.

A preocupação com a garantia do direito à saúde aparece mais uma vez na Constituição quando trata da previdência do servidor público, possibilitando que se utilizem critérios diferenciados para a concessão da aposentadoria nos casos em que a atividade prejudique a saúde ou a integridade física, conforme previsto no art. 40, § 4°. Tal disposição é repetida quando se trata do Regime Geral de Previdência Social, no art. 201, § 1°.

Do art. 194 a 201 da Constituição brasileira trata-se da seguridade social que compreende a assistência social, saúde e previdência, assegurando o acesso universal e igualitário às ações e serviços de saúde, sendo isto dever do Estado e direito de todos. Além disso, dispõe que a assistência à saúde é livre à iniciativa privada.

Em seu art. 196, apresenta uma denominação para saúde: "A saúde é direito de todos e dever do Estado garantido, mediante políticas sociais e econômicas que visem a redução do risco de doença e de outros agravos e ao acesso universal e igualitário às ações e serviços para a sua promoção, proteção e recuperação".

O art. 220, por sua vez, não obstante tratar da comunicação social, estabelece que compete à Lei Federal estabelecer os meios necessários a defesa de programas de rádio, televisão, bem como propagandas de produtos, práticas e serviços que possam ser nocivos à saúde, estabelecendo, inclusive, que no caso de bebidas alcoólicas, tabaco, agrotóxicos, medicamentos e terapias conterá, sempre que necessário, advertências sobre os malefícios decorrentes do seu uso.

No capítulo referente a família, criança, adolescente e idoso, há expressa disposição no sentido de ser dever da família, da sociedade e do Estado assegurar à criança e ao adolescente, com absoluta prioridade, dentre outros direitos, o direito à saúde (art. 227). O mesmo direito, mas com algumas modificações, é assegurado também ao idoso, através do que se depreende da leitura do art. 230 da Constituição brasileira. Este dispositivo, dentre outros que analisaremos a seguir, já indica o posicionamento do constituinte em conferir eficácia a direitos fundamentais sociais nas relações entre particulares.

No que diz com a jurisprudência, colacionamos voto da lavra do Ministro do STJ José Delgado, em sede de Recurso Especial em Mandado de Segurança n° 11183/PR, que dispõe:

> Ora, nos parece totalmente inequívoco externar que o direito à saúde é um direito fundamental social, visto que é possuidor de todas as características inerentes a estes direitos, haja vista o art. 5º, § 1º da CF/88, que insere a saúde no rol dos direitos fundamentais explicitamente. E caso surgisse alguma controvérsia a respeito, podíamos nos socorrer da norma do art.5°, § 2°, da nossa Lei Maior de 1988, ao qual desencadearia o direito à saúde, embora não escrito, como um direito fundamental implícito.

De outra banda, extrai-se do texto constitucional brasileiro que a saúde, em que pese seja dever do Estado que a deve garantir mediante políticas sociais e econômicas com vista à redução das doenças e outros agravos, mediante acesso universal e igualitário às ações e serviços (art. 196) não é monopólio do Estado, conforme se verifica da leitura do art. 199 da CF/88, cumulado com o seu art. 197, que atribui à iniciativa privada um caráter suplementar que está regulamentado, especialmente, na Lei 9656/98.[171] A fiscalização é realizada pela ANS (Agência Nacional de Saúde) autarquia federal criada em 2000, pela Lei 9.961, que regulamenta e fiscaliza a iniciativa privada no âmbito da saúde.

Schwartz, realizando uma análise a partir do contexto histórico atual em que está inserida, define a saúde como "[...] um processo sistêmico e um fenômeno holístico que permeia e freqüenta todas as gerações de direitos fundamentais tornando-se em verdade, um novo direito, diante da plurissubjetividade de sua tutela".[172]

---

[171] Outras leis: Lei n° 10.185, de 12 de fevereiro de 2001 (Dispõe sobre a especialização das sociedades seguradoras em planos privados de assistência à saúde e dá outras providências.) Lei n° 10.850, de 25 de março de 2004 (Atribui competências à Agência Nacional de Saúde Suplementar – ANS e fixa as diretrizes a serem observadas na definição de normas para implantação de programas especiais de incentivo à adaptação de contratos anteriores à Lei n° 9.656, de 3 de junho de 1998.)

[172] SCHWARTZ, Germano. Gestão compartida sanitária no Brasil: possibilidade de efetivação do direito à saúde. In: SCHWARTZ, Germano (Org.) *A saúde sob os cuidados do direito*. Passo Fundo: UPF, 2003, p.108-162.

Assim, podemos definir o direito à saúde, inspirando-se no magistério de Sarlet, como um conjunto complexo e multidimensional de posições jurídicas destinadas a assegurar uma vida com dignidade visando à busca do pleno bem-estar físico e mental do indivíduo.

2.3.2. O direito à saúde e a sua dimensão positiva e negativa

Na linha do que vimos exposto, as normas de direitos fundamentais são dotadas de eficácia e aplicabilidade *"consoante a normatividade que lhe tenha sido outorgada pelo Constituinte"*.[173] Estas normas, em função de seu caráter multifuncional, podem ser clasificadas, conforme exposto por Sarlet, em dois grandes grupos: os direitos de defesa (reclamam uma abstenção) e os direitos a prestações (reclamam uma ação), não havendo necessária correspondência entre estes e os direitos de libertades e os direitos sociais. Pelo contrário, é possível que de um direito social extraia-se uma função negativa, como por exemplo, a declaração de inconstitucionalidade.

A dimensão negativa dos direitos fundamentais implica uma atitude omissiva, um não-fazer por parte do Estado, estendendo-se também aos particulares. Nas palavras de Sarlet:

> [...] os direitos de defesa geralmente – e de forma preponderante – se dirigem a um comportamento omissivo do Estado, que deve abster-se de ingerir na esfera de autonomia pessoal ou, de modo geral, no âmbito de proteção do direito fundamental, não se verifica, em regra, a dependência da realização destes direitos de prestações (fáticas ou normativas) do Estado ou dos destinatários da norma.[174]

Em síntese, o âmbito negativo é um dever de abstenção, um dever jurídico de respeitar outrem. Caso este dever não seja cumprido, aquele que vê afetado seu direito pode exigir, por intermédio do órgão estatal (Judiciário), que tal afetação seja cessada. Verifica-se, desta forma, que o Estado realiza prestações (processo judiciário, lei) no sentido de garantir a esfera negativa dos direitos, o que, confor-

---

[173] SARLET, 2005b, p. 275.

[174] SARLET, 2005b. No mesmo sentido. MENDONÇA, José Vicente dos Santos. Vedação do retrocesso: o que é e como perder o medo. *Revista de Direito da Associação dos Procuradores do Novo Estado do Rio de Janeiro*, Rio de Janeiro, v. 13, p. 205-236, 2003. CANOTILHO, José Joaquim Gomes. Tomemos a sério os direitos econômicos, sociais e culturais. Separata de: *Boletim da Faculdade de Direito de Coimbra*, Coimbra, 1988. número especial.

me já tratado em item anterior não afasta a existência da dimensão negativa.

É exatamente nesta dimensão que podemos afirmar, sem estarmos sujeitos a maiores críticas – caso diverso do da dimensão positiva, como veremos a seguir –, que o direito à saúde, assim como os demais direitos sociais gozam, como os direitos civis e políticos – tradicionais direitos de defesa – da aplicabilidade imediata prevista na Constituição Federal de 1988.

Assim, a dimensão negativa do direito à saúde pode ser verificada a partir do impedimento, abstenção de ações que possam resultar em algum prejuízo à mesma. Exemplificamos: no âmbito fático, iremos chamar assim, ou seja, no que diz com a conduta a ser adotada, pode-se considerar como manifestação da dimensão negativa do direito à saúde a proibição de tratamentos experimentais sem a expressa anuência do paciente.

No que diz com o âmbito legal (aqui entendido como contraposto à idéia de fático), tem o efeito de tornar inconstitucionais as normas que não estiverem em conformidade com os ditames estabelecidos pela Constituição, quer pelo prisma formal, quando o procedimento legislativo não cumprir os requisitos estabelecidos na Constituição como, por exemplo, o *quorum* mínimo; quer pelo material, quando o conteúdo normativo for contrário ao assegurado e determinado pela Constituição, através do controle de constitucionalidade, ou interpretação conforme à Constituição. Isto significa, nas palavras do Ministro Ferreira Mendes, "que a ordem jurídica não tolera contradições entre normas jurídicas ainda que situadas em planos diversos".[175]

Estes limites materiais "objetivam assegurar a permanência de determinados conteúdos da Constituição tidos como essenciais [...]".[176] Mencionada segurança pode constar expressamente no tex-

---

[175] MENDES, Gilmar Ferreira. Teoria da legislação e controle de constitucionalidade: algumas notas. *Jus Navigandi* Disponível em: <http://jus2.uol.com.br/doutrina/texto.asp?id=107> Acesso em: 16 jan. 2007b. Entretanto, discordamos do posicionamento do eminente Ministro, uma vez que é possível que existam antinomias no sistema não sendo estas, necessariamente, maléficas. Pelo contrário, permitem a oxigenação e adaptação do mesmo a diversas situações. Neste sentido, preciosa a lição de Freitas, que assim assevera: "O intérprete sistemático precisa, pois, concretizar o Direito, preservando sua unidade substancial e formal, sobrepassando contradições nefastas, sem descurar do potencial de transformação que se nutre da fecundidade das boas antinomias." (ISD, 2004, p. 69).

[176] SARLET, 2005b, p. 389.

to Constitucional como cláusulas pétreas (art. 60, § 4°, da Constituição Federal brasileira), ou pode ser extraída do entendimento da Constituição enquanto um sistema de normas, sendo que a principal manifestação destes limites implícitos são os direitos fundamentais. Assim, os limites materiais não se limitam aos temas taxados de cláusulas pétreas ou *garantias de eternidade*, pois conforme leciona Ferreira Mendes, "a decisão sobre a imutabilidade de determinado princípio não significa que outros postulados fundamentais estejam submetidos ao poder de revisão".[177]

Conforme Cléve,

pode ocorrer inconstitucionalidade material quando a norma, embora disciplinando matéria deixada pelo Constituinte à "liberdade de conformação do legislador", tenha sido editada "não para realizar os concretos fins constitucionais, mas sim para prosseguir outros, diferentes ou mesmo de sinal contrário àqueles", ou, tendo sido editada para realizar finalidades apontadas na Constituição, ofende a normativa constitucional por fazê-lo de modo inapropriado, desnecessário, desproporcional ou, em síntese, de modo não razoável. Trata-se, no primeiro caso, da hipótese tratada como desvio ou excesso de poder legislativo; no segundo, manifesta-se ofensa ao princípio da razoabilidade dos atos do Poder Público, e aqui, do Poder Legislativo. Em muitos casos a teoria do excesso de poder e o princípio da razoabilidade cobrem um mesmo campo teórico, oferecendo, portanto, soluções semelhantes (senão idênticas) quando da aferição da legitimidade de determinados atos normativos do Poder Público.

O objetivo das cláusulas pétreas e de outros limites materias, portanto, é impedir a destruição dos elementos essenciais da Constituição "onde a supressão dos direitos fundamentais implica em afronte ao princípio da dignidade da pessoa humana".[178] Neste passo, conforme asseverou Hesse, ao possibilitarem-se freqüentes reformas se estará prejudicando a eficácia da constituição, abalando a confiança em sua inquebrantabilidade e delibitando sua força normativa.[179]

No caso do direito fundamental à saúde na órbita da Constituição Federal brasileira de 88, os limites a sua limitação decorrem, no nosso sentir, de seu conteúdo essencial e fortemente, mas não só,

---

[177] MENDES, Gilmar Ferreira. *Cláusulas pétreas ou garantias constitucionais?* Disponível em: <http://campus.fortunecity.com/clemson/493/jus/m12-017.htm> Acesso em: 16 jan. 2007a.

[178] Posição sustenta por SARLET, Ingo Wolfgang. Os direitos fundamentais sociais como cláusulas pétreas. *Revista de Interesse Público*, Porto Alegre, n. 17, p. 56-74, 2003a.

[179] HESSE, Konrad. *A força normativa da Constituição.* Porto Alegre: Fabris, 1991, p. 22.

vinculado a dignidade da pessoa humana. O fato é que o Supremo Tribunal Federal, responsável pelas decisões judiciais a respeito da Constituição, vem se posicionando no sentido de conferir uma interpretação extensiva ao rol das cláusulas pétreas, incluindo nelas os direitos fundamentais sociais.

· O art. 60, § 4°, da Constituição Federal estabelece quais são estas matérias em que é proibido deliberar a respeito de proposta de emenda tendente a abolir: I – a forma federativa de Estado; II – o voto direto, secreto, universal e periódico; III – a separação dos Poderes; IV – os direitos e garantias individuais. Restringiremos nossa análise ao inciso IV do mencionado artigo, uma vez que é, principalmente, em torno do mesmo que circundam os questionamentos a respeito do alcance dos direitos fundamentais: afinal, no que compreende o enunciado direitos e garantias individuais? Compreende tão -somente os direitos elencados no art. 5° da Constituição Federal, ou existem outros? Afunilando-se mais a questão para seguirmos a linha de trabalho, são os direitos fundamentais sociais limites à atuação do poder reformador?

Parece-nos que a razão se encontra com aqueles que advogam que os limites materiais à atuação do poder reformador não se esgotam no catálogo do art. 5°[180] por expressa previsão constitucional, tendo em vista a redação conferida ao seu § 2°, que assim dispõe: "Os direitos e garantias expressos nesta Constituição não excluem outros decorrentes do regime e dos princípios por ela adotados, ou dos tratados internacionais em que a República Federativa do Brasil seja parte".

A título exemplificativo, podemos apontar o Pacto Internacional de Direitos Econômicos, Sociais e Culturais do qual o Brasil é signatário. Além disso, ao adotarmos a tese de que somente os direitos previstos no catálogo do art. 5° estão protegidos contra a atuação do poder reformador estaríamos aceitando conforme sustentado por Sarlet,

> que não apenas os direitos sociais (arts. 6º ao 11º), mas também os direitos de nacionalidade (arts. 12º e 13º), bem como, de modo geral (a não ser o sufrágio secreto e universal assegurado no art. 60, § 4º, inciso II), os direitos políticos (arts. 14 a 17)

---

[180] Dentre estes: SARLET, op. cit., p. 56-74, e MACIEL AVILA, Marcelo R. Anderson. A garantia dos direitos Fundamentais Frente as emendas constitucionais. *Revista dos Tribunais*, São Paulo, v. 89, n 790, p. 29-46, out. 2000.

fatalmente estariam excluídos da proteção outorgada pela norma contida no art. 60, § 4º, inciso IV de nossa Lei Fundamental. Aliás, por uma questão de coerência, até mesmo os direitos coletivos (de expressão coletiva) constantes no rol do art. 5º não poderiam ser merecedores desta proteção.[181]

Dando continuidade aos argumentos tecidos a favor da inclusão dos direitos fundamentais sociais no rol das cláusulas pétreas, temos a questão da indissociabilidade ou indivisibilidade dos direitos fundamentais como requisito necessário para a realização destes. Neste sentido, manifesta-se Benvenuto quando afirma que em que pesem as diferenças existentes entre os direitos sociais e os civis e políticos, os mesmos não podem ser compartimentados, pois "só é possível materializar direitos tidos como civis se houver direitos tidos como econômicos e sociais minimamente respeitados".[182]

No mesmo sentido e com o intuito de sintetizar a idéia apresentada, destacamos o magistério de Piovesan:

> Sem a efetividade dos direitos econômicos, sociais e culturais, os direitos civis e políticos se reduzem a meras categorias formais, enquanto que, sem a realização dos direitos civis e políticos, ou seja, sem a efetividade da liberdade entendida em seu mais amplo sentido, os direitos econômicos, sociais e culturais carecem de verdadeira significação. Não há mais como cogitar da liberdade divorciada da justiça social, como também infrutífero pensar na justiça social divorciada da liberdade. Em suma, todos os direitos humanos constituem um complexo integral, único e indivisível, em que os diferentes direitos estão necessariamente inter-relacionados e são interdependentes entre si.[183]

Por fim, ressaltamos que esta também é a posição defendida pelo STF, órgão guardião de nossa Constituição Federal, conforme podemos perceber da leitura do voto do Ministro Castro Velloso:

> Direitos e garantias individuais não são apenas os que estão inscritos no art. 5º. Não. Esses direitos e essas garantias se espalham pela Constituição. O próprio art. 5º no seu § 2º estabelece que os direitos e garantias expressos nesta Constituição não excluem outros decorrentes do regime e dos princípios por ela adotados, ou tratados internacionais em que a República Federativa do Brasil seja parte. Sabido, hoje, que a doutrina dos direitos fundamentais não compreende, apenas, direitos e garantias individuais, mas, também, direitos e garantias sociais, direitos atinentes à nacionalidade e direitos políticos. Este quadro compõe a teoria dos direitos fundamentais. Hoje não falamos, apenas em direitos individuais, assim de

---

[181] Dentre estes: SARLET, 2003a, p. 67.

[182] LIMA JÚNIOR, Jayme Benvenuto. *Os direitos humanos econômicos sociais e culturais*. Rio de Janeiro: Renovar, 2001, p. 83-84.

[183] PIOVESAN 1997, p. 161.

Direitos Fundamentais Sociais e Relações Privadas

primeira geração. Já falamos de direitos de primeira, de segunda, de terceira e até de quarta geração.[184]

Desta forma, segundo entendimento da Egrégia Corte, as cláusulas pétreas devem ser interpretadas de forma restritiva, e não os seus princípios. Estes devem ser determinados dentro do contexto constitucional a partir do exame sistemático das disposições constitucionais integrantes do modelo constitucional, explicitando, por este caminho, seu conteúdo. Assim, "também as disposições que confiram densidade normativa ou significado específico a esse princípio, estão protegidas pelas cláusulas pétreas".[185]

Há ainda, no que tange à dimensão negativa do direito à saúde, bem como de outros direitos fundamentais, o princípio da proibição de retrocesso que segundo Mendonça é a impossibilidade de, uma vez concretizada a eficácia plena de uma determinada norma constitucional, através da edição de legislação infraconstitucional pertinente, ao legislador é defeso revogá-la mas, por outro lado, poderá substituí-la por outra, ainda que esta outra diminua os benefícios sociais antes concedidos, tendo como limite a esta diminuição o mínimo existencial.[186]

Com efeito, a proibição de retrocesso não implica apenas garantia do ato jurídico perfeito, coisa julgada ou direito adquirido, muito embora sejam reflexos da necessária segurança jurídica do ordenamento, pois não se trata de retroagir sobre situações perfectibilizadas sob uma determinada ordem, e sim, de impedir que um certo grau de realização do direito não seja diminuído, mesmo que com efeitos *ex nunc*.[187]

A verificação da razoabilidade[188] da opção adotada pelo legislador e executivo, segundo Abramovich e Courtis, trata-se do devido processo substantivo que:

---

[184] ADIN Ementário 1.730-10 STF.

[185] ADPF –MC 33

[186] Neste sentido, MENDONÇA, 2003, p. 220.

[187] SARLET, Ingo Wolfgang. *Proibição de retrocesso, dignidade da pessoa humana e direitos sociais:* manifestação de um constitucionalismo dirigente possível. Disponível em: <http://www.tex. pro.br/wwwroot/01de2006/proibicao_ingo_wlfgang_sarlett.pdf#search='proibi%C3%A7% C3%A3o%20de%20retrocesso'> Acesso em: 18 out. 2006c.

[188] Razoabilidade e Proporcionalidade, em que pese muitas vezes sejam utilizados como sinônimos, não o são, segundo o entendimento que comungamos. Segundo Humberto Ávila, resumidamente, a proporcionalidade consiste em um juízo referente a bens jurídicos ligados

no es más que um stándart o patrón para determinar, dentro de la margen de arbítrio que deja la Constituición al legislador, y la ley al organismo ejecutivo-administrativo o judicial, hasta donde se pueden restringir validamente los derechos consagrados por lãs normas a reglamentar, o dicho em otros términos, cuál es lo espacio concreto de discricionalidad que puede ser utilizado por el legislador, o el órgano ejecutivo, al regular un derecho consagrado en la Constitución, en los tratados internacionales o en la ley.[189]

As principais críticas tecidas, segundo Mendonça, a esta proibição de retrocesso dizem com a questão de se estar constitucionalizando normas infraconstitucionais agregada à falta de autonomia do legislador que se vê tolhido em seu direito/dever de estar legitimado, pelo voto, a fazer escolhas e legislar neste sentido. Contra estas colocações, responde o autor que tal proibição de retrocesso é um princípio relativo, e não absoluto. Sendo assim, o legislador está livre para, inclusive, diminuir o grau de efetivação, mas não acabar com ele, pois, ao fazê-lo, esbarraria na dignidade da pessoa humana,[190] que é a base e o limite desta proteção. Por esta razão, o limite à supressão é o mínimo existencial. Tomamos a jurisprudência portuguesa como exemplo, que ilustra claramente a questão.

> [...] a proibição de retrocesso social operará tão-só quando, como refere J. J. Canotilho, se pretenda atingir "o núcleo essencial da existência mínima inerente ao respeito pela dignidade da pessoa humana", ou seja, quando "sem a criação de outros esquemas alternativos ou compensatórios", se pretenda proceder a uma "anulação, revogação ou aniquilação pura e simples desse núcleo essencial". Ou, ainda, tal como sustenta José Vieira de Andrade, quando a alteração redutora do conteúdo do direito social se faça com violação do princípio da igualdade ou do princípio da proteção da confiança; ou então, quando se atinja o conteúdo de um direito social cujos contornos se hajam inludivelmente enraizado ou sedimentado no seio da sociedade.[191]

---

a fins, enquanto que a razoabilidade diz com um juízo de referência à pessoa atingida. A distinção entre princípio e regras e a redefinição do dever de proporcionalidade. ÁVILA, Humberto. Revista de Direito Administrativo, Rio Janeiro, n. 215, p.151-179, jan./mar., 1999. Para Steinmetz o controle realizado via princípio da proporcionalidade é superior, pois o mesmo é passível de definição operacional (3 subprincípios: adequação, necessidade e proporcionalidade em sentido estrito.), razão pela qual é mais adequado a casos de soluções de conflitos entre direitos fundamentais. (STEINMETZ, Wilson Antônio. *Colisão de direitos fundamentais e princípio da proporcionalidade*. Porto Alegre: Livraria do Advogado, 2001, p. 187-188).

[189] ABRAMOVICH, Victor; COURTIS, Christian. *Los derechos sociales como derechos exigibles*. Madrid: Trotta, 2002.

[190] Neste sentido manifesta-se SARLET, Ingo Wolfgang. O estado social de direito, a proibição de retrocesso e a garantia fundamental da propriedade. *Revista da Faculdade de Direito da UFRGS*, Porto Alegre, v. 17, p.111-131, 1999b, p. 125.

[191] Tribunal Constitucional Português. Acórdão n. 509/2002

Entretanto, a despeito desta definição, entendemos, na esteira do pensamento sustentado por Sarlet, que a proibição de retrocesso abrange mais do que a impossibilidade de revogação de normas infraconstitucionais na forma defendida por Mendonça, mas a inclui,[192] alcançando aquilo que chamamos de limites (materiais) à reforma da Constituição.[193]

Do exposto e tomando o princípio da proibição de retrocesso a partir de um sentido lato, podemos sustentar, sem descuidar, é claro, de possíveis restrições, que o direito à saúde não poderá ser suprimido pelo legislador do texto constitucional, uma vez que o mesmo representa um importante avanço e conquista da sociedade na busca da satisfação deste direito fundamental que, em especial nos tempos de crise, ou nos Estados subdesenvolvidos (como é o caso do Brasil) se mostra imprescindível para uma vida com dignidade.

Podemos afirmar, portanto, que as diversas manifestações da proibição de retrocesso visam, em última análise, a estabelecer limites à atuação do legislador para que seja garantida a preservação do corpo essencial da Constituição.

Feitas estas colocações a respeito da dimensão negativa do direito à saúde, passemos agora à dimensão positiva.

A dimensão prestacional implica uma atitude positiva, por parte, em regra, do poder Estatal, que tem o dever de realizar prestações ou possibilitar que elas sejam realizadas com o intuito de proporcionar uma vida digna para a população. Nesse passo, é mister adentrarmos na questão de que muito embora o Estado seja, por assim dizer, o sujeito passivo desta relação, os particulares e entidades privadas não ficam indiferentes a esta realização, podendo e, até mesmo devendo, colaborar para a efetividade do direito à saúde,

---

[192] A adoção de tal posicionamento encontra-se presente no art. SARLET, 1999b.

[193] Há, quanto a impossibilidade, ou limitação, de modificação do texto Constitucional os limites formais e materiais. Os formais são aqueles que dizem com c o procedimento a ser adotado quanto as propostas de modificação (ex: emendas à Constituição, necessidade de aprovação de 3/5 das 2 Casas do Congresso Nacional), assim como estabelece os casos em que é vedada algumas modificações (ex., estado de defesa e estado de sítio.) No ponto acima, optamos por não desenvolver o assunto referente aos limites formais, porquanto os mesmos dizem mais com a questão procedimental, não representando, portanto, uma espécie de proibição de retrocesso, no sentido ora proposto. A adoção de tal posicionamento encontra-se presente no artigo (Ibid. Embora neste art. o autor não adote a terminologia "limites materiais", mas através da leitura, conclui-se que é deles que o autor está tratando. Bem como na (SARLET, 2003b).

conforme tentaremos demonstrar na terceira parte deste trabalho, por ora, fica apenas a menção.[194]

Se é de certa forma tranqüilo que o particular tem direito de buscar perante o Poder Judiciário a realização do direito à saúde quando o mesmo mostra-se ameaçado, quer por atuação de particulares, quer pelo Poder Público, isto é, quando a dimensão negativa do direito se vê comprometida,[195] tal não se verifica quando se trata de perquirir se este mesmo particular pode exigir do Estado particular que lhe conceda medicamentos, internações, ou que tome medidas neste sentido, utilizando, como base para sua sustentação, a imediata aplicabilidade do direito fundamental à saúde.

Conforme demonstraremos ao longo da exposição, não há uma única resposta para a questão proposta, e sim diversas possibilidades de satisfação deste direito. Ainda mais quando a nossa Constituição estabelece que todo e qualquer cidadão que se sentir ameaçado ou lesionado em seu direito pode buscar perante o Judiciário, ainda que, com base em normas definidoras e garantidoras de direitos sociais entendidas estas como normas programáticas, uma solução para seu problema, consoante disposto no art. 5º, XXXV, da Constituição Federal de 1988, *sic:* "a lei não excluirá da apreciação do Poder Judiciário lesão ou ameaça a direito". Isto, pois, ainda que se trate de norma não regulamentada é vedado ao juiz eximir-se de conhecer o pedido com base na alegação de que há lacuna ou imprecisão na lei,[196] sob pena de estar-se dando a legislação ordinária maior importância do que à constitucional.[197]

---

[194] A CF é expressa neste sentido no que se refere ao direito à saúde, conforme se conclui da leitura do art. 199: A assistência à saúde é livre à iniciativa privada. Quanto à moradia embora não exista dispositivo similar, a cooperação da iniciativa privada e dos particulares tem representado uma alternativa a realização deste direito. Ex: Mutirões, financiamentos. Além disso, O PIDESC, do qual o Brasil é signatário, prevê em seu preâmbulo que os indivíduos tem a obrigação de lutar pela promoção e observância dos direitos reconhecidos no pacto; dentre eles, a moradia.

[195] Neste sentido, repisamos o fato de que um mesmo direito pode ter as duas dimensões, negativa e positiva, em sendo a prestação positiva à interferência do Poder Judiciário.

[196] Neste sentido ver RUSCHEL, Ruy Ruben. A eficácia dos direitos sociais. In: *Direito constitucional em tempos de crise*. Porto Alegre: Sagra Luzzato, 1997, p. 141.

[197] MELLO, Celso Bandeira de. Eficácia das normas constitucionais. *Revista de Direito Público*, São Paulo, v. 14, n. 57-58, p. 233-256, jan./jun. 1981, p. 245.

Neste sentido, podemos afirmar, na esteira do pensamento de Bandeira de Mello,[198] que sempre é possível extrair-se algum significado e, com isso, efeitos jurídicos concretizáveis da norma constitucional. Destarte, se as normas constitucionais são aquelas que determinam as bases e os limites da atuação do legislador, não há como afirmar-se serem as mesmas desprovidas de conteúdo ou que o mesmo é deveras vago para ser, em alguma medida, aplicado.

Assim sendo, no caso de o Juiz verificar inconsistência, vagueza ou imprecisão na lei, deverá decidir a questão utilizando-se da analogia, costumes e princípios gerais do direito, consoante o art. 126 do Código de Processo Civil brasileiro: "O juiz não se exime de sentenciar ou despachar alegando lacuna ou obscuridade da lei. No julgamento da lide caber-lhe-á aplicar as normas legais; não as havendo, recorrerá à analogia, aos costumes e aos princípios gerais de direito", e o art. 4º da Lei de Introdução ao Código Civil.[199] Ressalte-se, entretanto, que o sentido que iremos dar a normas legais inclui as normas constitucionais, sejam elas chamadas ou não de programáticas, e não o sentido tradicional em que se afirma que em não existindo legislação infraconstitucional pertinente, recorre-se à interpretação com base no texto constitucional. Afinal, a lei vale e é aplicada na medida da Constituição, e não a Constituição na medida da lei.

Feito tal procedimento, o Juiz estará realizando o seu trabalho mais genuíno, qual seja, o de intérprete da lei, e, conforme muito bem colocou Farias, "fixar o sentido e o alcance de uma determinada lei, na sua aplicação a um caso concreto, de algum modo sempre implica um poder normativo não muito distinto daquele existente no próprio ato de legislar".[200]

Para Schäfer, "Interpretar os direitos fundamentais é, acima de tudo, conferir-lhes eficácia",[201] até mesmo porque, por mais dúvidas que possam suscitar um conceito vago é possível ter-se certeza de

---

[198] MELLO, 1981.

[199] Este é o posicionamento adotado por GRAU, Eros Roberto. *A ordem econômica na Constituição Federal de 1988*. 7. ed. São Paulo: Malheiros, 2002.

[200] FARIAS, José Eduardo. O judiciário e os direitos humanos e sociais: notas para uma avaliação da justiça brasileira. In: *Direitos humanos, direitos sociais e justiça*. São Paulo: Malheiros, 1998, p. 96.

[201] SCHÄFER, Jairo Gilberto. *Direitos fundamentais. proteção e restrição*. Porto Alegre: Livraria do advogado, 2001, p. 117.

alguma coisa em certa medida. Agir ou admitir que se aja de forma diversa implica, conforme já referido anteriormente, conferir à legislação ordinária mais força que a própria Constituição, o que, a toda evidência, implicaria uma anomalia do sistema.

Neste ponto, imperioso trazermos à análise o art. 5º, § 1º, da Constituição Federal, que estabelece serem as normas (seja em sua dimensão positiva ou negativa) definidoras dos direitos e garantias fundamentais de aplicabilidade imediata. Desde já, informamos que não há consenso neste sentido. Os posicionamentos variam desde a análise topográfica da norma até a perquirição a respeito de seu conteúdo.

Aqueles que sustentam a aplicabilidade imediata das normas de direitos sociais o fazem com base em dois grandes argumentos: o primeiro é o de que tal disposição se encontra expressamente positivada na Constituição brasileira de 1988; o segundo é o de que não existe norma constitucional desprovida de eficácia.

Leciona Sarlet que, a despeito da localização do dispositivo em comento (no final do art. 5º), tal situação, por si só, não justifica uma construção no sentido de que seja limitado a direitos fundamentais elencados anteriormente. Não poderia ser diferente, uma vez que a sua própria literalidade já não aponta para "uma redução do âmbito de aplicação da norma a qualquer das categorias específicas de direitos fundamentais consagradas em nossa Constituição".[202]

Assim, o legislador constituinte de 1988 optou por conferir, expressamente, às normas definidoras de direitos e garantias fundamentais aplicação imediata. O art. 5º, § 1º, de nossa Lei Maior não deixa dúvidas quanto a sua extensão, senão vejamos: "As normas definidoras dos direitos e garantias fundamentais têm aplicação imediata".

Verifica-se, portanto, que a aplicabilidade imediata é imputada a todas aquelas normas previstas ou não no título II da Constituição Federal, já que conforme demonstrado alhures, os direitos fundamentais não se resumem ao rol disposto no art. 5º da Constituição brasileira, pois, o próprio constituinte estabeleceu uma forma de oxigenação em seu § 2º, comportando direitos dispersos pelo texto constitucional, bem como permitindo a inclusão de outros direitos

---

[202] SARLET, 2005b, p. 260.

decorrentes do regime, dos tratados e dos princípios adotados, através da abertura material do catálogo.

Além disso, e a partir da interpretação conferida pelo professor Sarlet ao § 1º do art. 5º da CF/88, a aplicabilidade imediata dos direitos e garantias fundamentais imputa aos órgãos estatais e aos particulares a obrigação de maximizar a sua eficácia.

Mister ressaltarmos, neste ponto, que ao defendermos tal posicionamento, o fazemos a partir do entendimento de que todas as normas têm aplicabilidade imediata, na medida de sua eficácia, o que não significa dizer, portanto, que sempre se dispensa a atuação do legislador, mas tão-somente que é possível extrair-se alguma aplicabilidade direta dos preceitos constitucionais.[203]

Entretanto, há doutrinadores que, assim como Gonçalves Ferreira Filho, advogam no sentido de que não é a correta a interpretação de que a imediata aplicabilidade deva ser imputada a todos direitos fundamentais, uma vez que a intenção do legislador diverge bastante dela, tanto é que o mesmo previu ações específicas para serem utilizadas no caso de normas pendentes de legislação ulterior. Para o autor, "o constituinte certamente não quis fazer aplicável o inaplicável, nem quis deixar ao juiz – a pretexto de cobrir lacuna-o arbítrio de dar esta ou aquela feição a um direito ou garantia incompletamente caracterizados na Constituição".[204]

Em que pese a manifestação de eminentes constitucionalistas e doutrinadores do direito, no sentido de enquadrarem os direitos sociais dentre as ditas normas programáticas e, conseqüentemente, terem sua eficácia jurídica limitada, isto é, sua capacidade de gerar efeitos vinculada a uma normatização futura, discordamos desse posicionamento e pensamos que deva ser revisto, sob pena de estarmos negando a *ratio* de nossa Constituição, que reza terem os direitos sociais aplicabilidade imediata.[205]

---

[203] Posicionamento este adotado por SARLET, Ingo Wolfgang. O direito fundamental à moradia na Constituição. *Arquivos de Direitos Humanos*, São Paulo, v. 4, p. 137-191, 2002, p. 166.

[204] FERREIRA FILHO, 1996b, p. 8.

[205] Andréas Krell aduz que a negação de qualquer tipo de obrigação a ser cumprida na base dos Direitos Fundamentais Sociais tem como conseqüência a renúncia de reconhecê-los como verdadeiros direitos. KRELL, Andréas. *Os direitos sociais e controle judicial no Brasil e na Alemanha:* os (des)caminhos de um direitos constitucional comparado. Porto Alegre: Fabris, 2002.

Neste particular, necessários se faz tecermos algumas breves considerações a cerca dos direitos originários e derivados. No que diz com os primeiros, há a possibilidade de extraírem-se direitos subjetivos a partir da norma esculpida no texto constitucional, a despeito da existência ou não de legislação infraconstitucional. No que diz com os direitos derivados, os mesmos nutrem-se de concretizações no plano da legislação infraconstitucional.

Em relação aos direitos derivados, a possibilidade de reconhecimento de um direito subjetivo não reclama tantos questionamentos quanto os que advêm da análise dos direitos subjetivos originários, razão pela qual nos deteremos mais na questão destes, até mesmo porque, uma das principais manifestações de direitos subjetivos derivados é uma das facetas possíveis da proibição de retrocesso, já aborda anteriormente.

Os direitos, repisa-se, possuem dimensão negativa e positiva, o que nos leva a uma análise apartada de ambos, muito embora a presunção de eficácia plena lhes seja comum, mesmo que em grau diferenciado.

A dimensão defensiva dos direitos fundamentais alberga eficácia plena gerando, ao titular, um direito subjetivo originário, sendo possível atribuir-se tais características também aos direitos sociais, comumente acusados de "meras normas programáticas", inclusive a saúde, sobretudo, conforme aponta Sarlet, sob a forma das "liberdades sociais".[206]

Leciona Canotilho que é possível no que diz com a dimensão prestacional, em sentido amplo (direitos à proteção, por meio de organização e procedimento), pelo menos em termos teóricos, que se reconheça um direito subjetivo originário a estas prestações.

De outra banda, no que respeita à dimensão prestacional em sentido estrito (prestações materiais), também é possível extrair-se aplicabilidade imediata, não sendo prescindível, para tanto, a existência de norma regulamentadora, em especial quando disser com o mínimo existencial.[207] Neste sentido, a jurisprudência brasileira tem reconhecido, no âmbito do direito à saúde tratamentos, medicamen-

---

[206] SARLET, 2005b, p. 302.

[207] Ratifique-se que, não obstante reconhecermos o mínimo existencial como limite ao reconhecimento de direitos subjetivos a prestações, não queremos com isso afirmar que somente ele seja justiciável. Pelo contrário, o mínimo existencial é o limite máximo que pode ser negado

tos, etc com base diretamente na norma constitucional. Em que pese o reconhecimento pela jurisprudência de direitos subjetivos originários a prestações materiais seja o que comumente se observa, isto não significa que tal possibilidade não seja aplicada às relações entre particulares, conforme veremos no capítulo que trata especificadamente da casuística.

Assim sendo, as normas[208] nela esculpidas não representam apenas desejos do legislador constituinte originário, cuja concretização encontra-se na dependência exclusiva da atividade legislativa que pode ou não acontecer, mas sim, em um conjunto de regras e princípios que expressam comandos e imposições a serem seguidos, tanto pelo Estado, quanto pelos particulares. Mais do que isso, a Constituição é a lei maior, sendo ela a base e o limite do Poder Estatal e da população. Neste sentido lecionou Mello: "À Constituição todos devem obediência: o Legislativo, o Judiciário e o Executivo, por todos os seus órgãos e agentes, sejam de que escalão forem, bem como todos os membros da sociedade".[209]

Não poderia ser diferente, até mesmo porque, conforme apontado por Amorin: "Um catálogo de direitos fundamentais não passará, porém, de letra morta se não se fizer acompanhar de mecanismos jurisdicionais efetivos e eficazes para assegurar o seu respeito e fazer valer a sua existência perante todas as instituições que estão constitucionalmente obrigadas a realizá-las".[210]

Caso não seja possível o reconhecimento, internamente, do direito tido por violado, segundo Galli, é possível reclamá-lo perante a jurisdição internacional, existindo jurisprudência neste sentido na Corte Interamericana de Justiça, trata-se do caso Velásquez Rodríguez, sentença de 29 de julho de 1988. Um dos argumentos é baseado no art. 2° da Convenção Interamericana de Direitos Humanos que assim estabelecesse:

à pessoa. Em outras palavras é possível o reconhecimento de direitos subjetivos prestacionais acima do limite do mínimo existencial, o que não pode ocorrer, é concessão abaixo dele.

[208] As normas subdividem-se em regras e princípios conforme construção realizada por Alexy em ALEXY, 2001.

[209] MELLO, 1981.

[210] SILVA, Guilherme Amorin Campos da. Sistema Constitucional dos direitos fundamentais. In *Lições de direito constitucional em homenagem ao jurista Celso Bastos*. São Paulo: Saraiva, 2005, p. 296-324.

Se o exercício dos direitos e liberdades mencionados no artigo 1º ainda não estiver garantido pôr disposições legislativas ou de outra natureza, os Estados partes comprometem-se a adotar, de acordo com as suas normas constitucionais e com as disposições desta Convenção, as medidas legislativas ou de outra natureza que forem necessárias para tornar efetivos tais direitos e liberdades.

Destarte, segundo Galli, a interpretação a ser dada a citado artigo é a de que "A simples ausência de legislação sobre a exigibilidade de um direito é em si mesma violatória da Convenção Americana".

Ademais, consoante estabelece o art. 25 desta Convenção, "os Estados estão obrigados a garantir a possibilidade de apresentação de recursos perante os tribunais competentes que amparem as vítimas de violações".[211]

Destarte, frente a estas breves colocações podemos sustentar, sem nos distanciarmos totalmente de possíveis críticas, que todos os direitos fundamentais, inclusive os sociais, possuem imediata aplicabilidade tanto em sua dimensão negativa quanto positiva, o que não significa igual grau de eficácia.

---

[211] GALLI, Maria Beatriz. Análise da eficácia jurídica dos direitos econômicos sociais e culturais no sistema interamericano de proteção dos direito humanos. *Revista Direito, Estado e Sociedade*, n. 12. Disponível em: <http://www.puc-rio.br/direito/revista/online/rev12_maria. html> Acesso em: 19 jan. 2007.

Segunda Parte

DIREITOS FUNDAMENTAIS E DIREITO PRIVADO

1. Um olhar sobre a constitucionalização e seus reflexos no direito privado

1.2. Constitucionalização e publicização do direito privado: breves noções

Neste capítulo que inicia a segunda parte desta dissertação, temos como objetivo apontar as características do fenômeno da publicização do direito e a sua constitucionalização. Tentaremos demonstrar que a publicização é uma forma de funcionalização do direito, enquanto o fenômeno da constitucionalização é a manifestação de que a Constituição "não é apenas um programa político a ser desenvolvido pelo legislador e pela administração, mas contém normatividade jurídica reforçada, [...]".[212] A constitucionalização do direito privado representa, segundo Facchini, "de certa forma, a superação da perspectiva que via o universo jurídico dividido em dois mundos radicalmente diversos: o direito público de um lado, e o direito privado de outro".[213]

De imediato, remetemos o leitor à primeira parte deste trabalho, segundo capítulo, em que abordamos a questão da evolução histórica dos direitos fundamentais. Tal remissão se faz necessária não apenas com o intuito de evitarmos tautologias, como também, e talvez o mais importante, pelo fato de que o fenômeno do surgimento dos direitos fundamentais e sua evolução guardam relação, mesmo que indireta, com a idéia de constitucionalização do direito. Entretanto, inciaremos o presente capítulo nos períodos que antecederam o surgimento dos direito fundamentais uma vez que neles já

---

[212] FACCHINI, Eugênio. Reflexões histórico-evolutivas sobre a constitucionalização do direito privado In: SARLET, Ingo Wolfgang. *Constituição, direitos fundamentais e direito privado*. Porto Alegre: Livraria do Advogado, 2003, p. 11.
[213] Ibid., p.11.

Direitos Fundamentais Sociais e Relações Privadas

se falava em direito público e direito privado, bem como teceremos algumas pinceladas sobre os períodos subseqüentes visando estabelecer a relação entre os acontecimentos.

No período compreendido entre a Grécia, antiguidade clássica, e o final da Idade Moderna (marcado pela Revolução Francesa) direito público e direito privado mantinham uma relação promíscua,[214] não sendo possível estabelecer um marco divisor entre eles. Em Roma, entretanto, através de Ulpiano, estabeleceu-se a clássica distinção entre o direito público e o privado que, segundo Andrade, "permaneceu durante longo tempo adormecida".[215]

Com a Idade Moderna e a formação dos Estados absolutistas, a dicotomia começa a dar sinais de ressurgimento, tendo seu marco divisor a Revolução Francesa, que marca o fim da monarquia e o início do Estado de Direito com a Constituição como um mecanismo de limitação do Poder frente aos homens.

Assim, na sociedade da modernidade, o direito civil era a Constituição, no sentido de fonte regulamentadora do direito privado, estando afastado e autônomo em relação à Constituição que tratava do âmbito público.[216] Perceba-se aí a distinção do âmbito privado do público calcada, segundo Aronne, em um "véu ideologicamente tecido pelo liberalismo".[217]

Na seqüência dos acontecimentos, a Primeira Grande Guerra, no início do século XX, costuma ser apontada como o marco final na divisão entre o direito público e o direito privado que não se comunicavam e, após, passam a ter relação de dependência e complementaridade.[218] Assim, conforme Andrade, a Constituição "que

---

[214] No melhor sentido positivo da expressão, isto é, o adjetivo promíscuo expressa aquilo que constituído de elementos heterogêneos, acrescentados desordenadamente, enlaçados, emaranhados, mas, também, em sentido negativo o que é reprovável ou suspeitoso.

[215] ANDRADE, Fábio Siebeneichler. *Da codificação: crônica de um conceito:* a descodificação. Porto Alegre: Livraria do Advogado, 1997, p. 109-143.

[216] NEGREIROS, 2006, p. 48.

[217] ARONNE, Ricardo. *Por uma nova hermenêutica dos direitos reais limitados:* das raízes aos fundamentos contemporâneos. São Paulo: Renovar, 2001, p. 87.

[218] GEHLEN, Gabriel Menna Barreto. O chamado direito civil constitucional. In: COSTA, Judith Martins. *A reconstrução do Direito Privado.* São Paulo: Revista dos Tribunais, 2002, p. 174-212.

originariamente tinha por objetivo a limitação do poder político, passa agora a regular a atividade dos indivíduos".[219]

Desta forma, caminha-se rumo à superação da dicotomia direito privado/direito público, estabelecendo-se uma interpenetração, embora com diretivas gerais próprias.[220] O público começa a utilizar-se de instrumentos e institutos do direito privado, a chamada privatização do direito público; o privado, por sua vez também passa a publicizar-se (publicização do direito privado) através da elaboração da categoria dos interesses e direitos coletivos e difusos,[221] como também através da sua funcionalização,[222] atribuindo-se a institutos típicos do direito privado uma preocupação, um objetivo social, como é o caso da função social do contrato.[223]

Esta superação, é bom lembrar, conforme apontado, dentre outros, por Sarmento, deve ser tomada com certa cautela pois, se não é aconselhável que o privado se sobreponha ao público, também não o é que o público o faça sobre o privado, sob pena de prefigurar-se um regime totalitário.[224] Portanto, necessária prudência reflexiva sobre o tema.

Diferentemente, mas oriunda e vinculada a densidade da publicização do direito, temos o fenômeno da constitucionalização na interpretação e aplicação do direito, que pode ser verificada a partir de duas funções: a primeira, que é a chamada relevância constitucional

---

[219] ANDRADE, F. S., op. cit.

[220] REIS, Sebastião Alves. Uma visão do direito: direito público e direito privado. *Revista de Informação Legislativa*, v. 35, n. 137, p. 63-67, jan./mar. 1998.

[221] LÔBO, Paulo Luiz Netto. Constitucionalização do direito civil. *Revista de Informação legislativa*, Brasília, v. 36, n. 141, p. 99-109, jan./mar. 1999.

[222] Sobre a questão da funcionalização do direito privado, ver esclarecedor texto de Cláudio Michelon, que aduz que a "concepção funcionalista, concebe todas as instituições de direito privado como sendo instrumentos para a persecução de um objetivo socialmente desejável"; diferentemente da concepção autonômica visa a "melhor maneira de garantir aos indivíduos a sua autodeterminação de modo compatível com a mesma medida de autodeterminação dos demais indivíduos." (MICHELON, Cláudio. *Um ensaio sobre a autoridade da razão no direito privado. Revista da Faculdade de Direito da UFRGS, Porto Alegre*, v. 21, p. 101-112, 2002).

[223] FACCHINI, 2003, p. 11. No mesmo sentido: SILVA, Luis Renato Ferreira da. A função social do contrato no novo Código Civil e sua conexão com a solidariedade social. In: SARLET, Ingo Wolfgang (Org.) *O novo Código Civil e a Constituição*. Porto Alegre: Livraria do Advogado, 2003, p. 127-150.

[224] SARMENTO, 2004, p. 41.

das relações privadas,[225] ou o aspecto formal da constitucionalização do direito civil,[226] implica o deslocamento de certos institutos do direito privado para o texto constitucional, como é o caso da família e da propriedade, o que levou a uma inevitável fragmentação do direito privado que antes era manifesta através de estatutos próprios; a segunda, através da interpretação que vincula o direito aos princípios constitucionais, em especial, a direitos fundamentais.[227] Em outras palavras, na "[...] fixação da Constituição como a fonte dos valores que informam as regras de direito civil.",[228] que corresponderia ao aspecto material. Perceba-se aí, claramente o desenvolvimento da dimensão objetiva dos dispositivos constitucionais (assunto este já desenvolvido em item anterior). Assim, na esteira do magistério de Aronne, "Aduzir que a Constituição é o esteio axiológico normativo do sistema implica dizer que toda legislação infraconstitucional não pode ser lida sem o seu suporte [...]".[229]

Além disso, obriga o legislador a realizar a atividade legiferante de forma a ser compatível e a realizar os direitos esculpidos no texto constitucional.[230] Deste cenário é que podemos extrair a possibilidade de vinculação dos particulares a direitos fundamentais, isto é, através de uma das possíveis manifestações da constitucionalização na interpretação e aplicação do direito.[231]

Note-se que, paradoxalmente, enquanto se caminhava rumo ao estabelecimento de direitos oponíveis ao Estado (objetivando a

---

[225] ALPA, Guido. *Introduzione allo studio critico del diritto privato*. Torino: Giappichelli, 1994, p. 8. *apud* FACCHINI, op. cit., p.11.

[226] SILVA L. R. F., 2003, p. 127-150.

[227] RUBIN, Daniel Sperb. Direito privado e Constituição: contratos e direitos fundamentais. *Revista do Ministério Público*, Porto Alegre, n. 44, p. 8-121, jan./mar. 2001.

[228] SILVA L. R. F., op. cit., p.127-150.

[229] ARONNE, 2001, p. 87.

[230] SILVA, Virgílio Afonso. *A constitucionalização do direito: os direitos fundamentais nas relações entre particulares*. São Paulo: Malheiros, 2005, p. 39. O Autor parte da análise da teoria desenvolvida por Schuppert e Bumke que identificam 5 formas de constitucionalização do ordenamento jurídico: "(1) reforma legislativa; (2) desenvolvimento jurídico por meio da criação de novos direitos individuais e de minorias; (3) mudança de paradigma nos demais ramos do direito; (4) irradiação do direito constitucional – efeitos nas relações privadas e deveres de proteção; (5) irradiação do direito constitucional – constitucionalização do direito por meio da jurisdição ordinária."

[231] "Ocorre que a Constitucionalização do direito privado é fenômeno-gênero do qual a eficácia horizontal dos particulares a Direitos Fundamentais é espécie" (FISCHER, Eduardo Ferreira. *Hermenêutica para vinculação dos particulares a direitos fundamentais*. 2005. Dissertação. (Mestrado em Direito) – Universidade de Santa Cruz do Sul, Santa Cruz do Sul, 2005).

não-intervenção nas relações entre particulares, estabelecendo uma rígida separação entre público e privado), calcados, em especial, no pensamento liberal de Locke, este autor, em sua obra "Segundo Tratado sobre o governo civil", diz, expressamente que:

> [...] ainda que se tratasse de um "estado de liberdade", este não é um "estado de permissividade" [...] toda a humanidade aprende que, sendo todos iguais e independentes, ninguém deve lesar o outro em sua vida, sua saúde, sua liberdade ou seus bens [...] não se denota que exista entre nós uma "hierarquia" que nos autoriza a nos destruir uns aos outros, como se tivéssemos sido feitos para servir de instrumento às necessidade uns dos outros.[232]

Ou seja, a partir deste excerto não há, cremos, como negar que, desde a afirmativa lockeana já se acenava no sentido de poder-se falar de uma preocupação com a questão da constitucionalização dos direitos. Neste sentido, manifesta-se Sarmento, ao dizer:

> Sem embargo, a própria origem contratualista das teorias sobre os direitos humanos induz à idéia de que, na concepção dos filósofos inspiradores do constitucionalismo, tais direitos também valiam no âmbito das relações privadas. De fato, se os direitos eram naturais e precediam à criação do Estado, é evidente que eles podiam ser invocados nas relações privadas, até porque, num hipotético Estado de Natureza, inexistiria poder público.[233]

Acrescenta Peces-Barba que "los primeros textos jurídicos de la revolución liberal, que materializan esas concepciones pactistas recogen los derechos naturales como derechos de todos y en situaciones donde no se excluye el ámbito de las relaciones privadas".[234]

De qualquer forma, a discussão sobre a eficácia nas relações entre particulares dos direitos fundamentais se impõe e, sob alguns aspectos é pouco explorada, como por exemplo, no âmbito da vinculação referente aos direitos sociais que, conforme já demonstrado na primeira parte deste trabalho são também direitos fundamentais dotados de eficácia e força normativa, assim como, as demais normas constitucionais. Logo, impende analisar as teorias sobre a eficácia dos direitos fundamentais nas relações privadas, bem como as formas que esta eficácia se manifesta se aceita para, então, e posteriormente, investigarmos a questão referente a estas possibilidades no

---

[232] LOCKE, 1994.

[233] SARMENTO, 2004, p. 27 No mesmo sentido: PECES BARBA, Gregório *Curso de derechos fundamentales*. teoria general. Madrid: Boletín Oficial del Estado, 1995, p. 619.

[234] Ibid., p. 619.

âmbito dos direitos fundamentais sociais, centrando-se na questão do direito à saúde.

2. Teorias sobre a eficácia dos direitos fundamentais nas relações entre particulares

2.1. Eficácia horizontal ou eficácia dos direitos fundamentais nas relações privadas? Uma questão não meramente semântica

A terminologia a ser utilizada será com base nos termos que mais se aproximam com aquilo que se quer extrair a partir da leitura do mesmo. Assim, mais do que preciosismo acadêmico, busca-se estabelecer rigorismo científico de modo a afastarem-se, na medida do possível, sentidos não condizentes com o seu significante.

Inicialmente, e na Alemanha, onde se iniciou a discussão a respeito do assunto, utilizaram-se os termos *drittwirkung der grundrechte* (eficácia perante terceiros no direito fundamental), para referir-se aquilo que ora chamamos de vinculação das relações dos particulares a direitos fundamentais. Este "terceiro", mencionado na expressão (*dritte*), referir-se-ia à necessidade de um novo destinatário além do Estado.[235]

A principal crítica a esta expressão que levou, inclusive, a sua superação diz com o fato de não levar em consideração que o "terceiro" também é titular de direitos, bem como porque parece atribuir um terceiro nível de relação frente a direitos fundamentais quando, em verdade, trata-se, talvez, de um segundo nível, sendo o primeiro a relação com o Estado. Por outro lado, mas ainda como crítica à expressão, diz-se que a mesma guarda forte vinculação com o paradigma liberal clássico, onde somente o Estado é passível de provocar ameaças ou lesões a direitos fundamentais das pessoas.[236]

---

[235] PEREIRA, Jane Reis Gonçalves. Apontamentos sobre a aplicação das normas de direito fundamental nas relações jurídicas entre particulares. In: BARROSO, Luis Roberto. *Apontamentos sobre a aplicação das normas de direito fundamental nas relações jurídicas entre particulares.* São Paulo: Renovar, 2006, p. 119-192.

[236] STEINMETZ, Wilson. *A vinculação dos particulares a direitos fundamentais.* São Paulo: Malheiros, 2004, p. 54.

Do mesmo modo, arraigada aos resquícios do liberalismo puro, a expressão *eficácia social* mostrou-se incapaz de atribuir valor semântico apropriado ao que se quer dizer, pois traz em seu âmago a dicotomia entre Estado (sociedade política) e sociedade (sociedade civil) que foi estabelecida naquele momento histórico, totalmente anacrônico nos dias de hoje. Isto, pois se superou a noção de Estado Liberal, para evoluir para o Estado Democrático de Direito que, conforme já visto, atenua, significativamente, a linha divisória entre o público e o privado, estabelecendo uma interpenetração entre ambos.[237]

A expressão *eficácia horizontal*, por sua vez, foi cunhada também na Alemanha *(horizontalwirkung)*, a partir de 1949, como forma de contrapô-la à eficácia vertical que se referiria à relação entre o particular e o Estado. Entretanto, segundo Sarlet, seguido por outros autores,[238] a expressão não se mostra adequada, pois é possível terem-se relações verticais no âmbito do direito privado nos casos em que: "[...] estivermos falando da vinculação do legislador privado, mas também dos órgãos do Poder Judiciário, no exercício da atividade jurisdicional no que diz com a aplicação das normas de Direito Privado e a solução de conflitos entre particulares".[239]

Além disso, e ainda segundo mencionado autor, a depender do poder econômico das partes, é possível que sejam estabelecidas relações que se aproximam daquela com o Estado (vertical). Assim, a expressão *eficácia horizontal* traduz a falsa idéia de que as relações são sempre estabelecidas entre iguais, o que, conforme já demos indícios de discordância, na prática, não o são.

Também se tentou a expressão *eficácia privada*, que, da mesma forma que as anteriores também não satisfez a necessária relação a ser estabelecida entre o signo e seu significado, eis que não coloca em destaque o ponto central da problemática.[240] Assim, na linha dos ensinamentos de Sarlet, preferimos e aderimos ao termo: eficácia

---

[237] STEINMETZ, op. cit., p. 56.

[238] PEREIRA, op. cit.

[239] SARLET, Ingo Wolfgang. Direitos fundamentais e direito privado: algumas considerações em torno da vinculação dos particulares a direitos fundamentais. In: SARLET, Ingo. *A Constituição Concretizada:* construindo pontes com o público e o privado. Porto Alegre: Livraria do Advogado, 2000, p. 107-165.

[240] Ver artigo na obra do Barroso.

dos direitos fundamentais nas relações entre os particulares, ou nas relações privadas.

Por fim, e não por isso menos importante, convém também estabelecermos um acordo semântico a respeito do termo *particulares*. Particulares, aqui, significa não apenas as pessoas individualmente consideradas, mas também o sujeito plural, como as associações, sociedades, pessoas jurídicas, até mesmo porque em sendo este também portador de direitos fundamentais não poderia ficar aquém da discussão.

Além disso, e comungando dos ensinamentos de Reis, optamos pela utilização de "a", em vez de "aos direitos fundamentais", uma vez que os particulares não se vinculam, indistintamente, a todos os direitos fundamentais.[241]

Feitas essas necessárias considerações iniciais, cumpre-nos agora adentrar na questão objeto central do presente: abordar a eficácia dos direitos fundamentais nas relações privadas, o que implica dizer que está afastada a discussão sobre os direitos inoponíveis a terceiros cujo destinatário é somente o Estado, como por exemplo, os direitos políticos.[242]

2.2. Fundamentos da necessidade de uma eficácia dos direitos fundamentais nas relações entre particulares

Nas linhas anteriores, já apontamos, mesmo que de maneira breve, as vantagens e desvantagem da utilização da expressão *eficácia dos direitos fundamentais nas relações entre particulares*, bem como qual o significado que queremos imprimir a esta expressão.

O Estado deixou de ser mero espectador para intervir nas relações privadas, onde, por definição havia o absolutismo da autonomia privada.[243] Vimos também o fenômeno da constitucionalização

---

[241] REIS, Jorge Renato. A vinculação dos particulares a direitos fundamentais nas relações interprivadas: breves considerações. In: LEAL, Rogério Gesta; REIS, Jorge Renato. *Direitos sociais e políticas públicas.* Santa Cruz do Sul: EDUNISC, 2005. t. 5, p. 1497-1514.

[242] A questão sobre se os direitos políticos têm eficácia nas relações entre privados é enfrentada, entre nós, especialmente por Daniel Sarmento, que defende a possibilidade, ainda que indireta. No mesmo sentido, posiciona-se Sarlet.

[243] NEGREIROS, 2006. "Neste trabalho, a expressão 'autonomia privada' reportada ao direito contratual, será utilizada como o poder atribuído as pessoas de, por meio de contratos, autoregularem os seus interesses, estando, pois, diretamente relacionada ao princípio da liber-

do direito privado e suas conseqüências. Cumpre-nos, agora, discutir o porquê da eficácia dos direitos fundamentais nas relações interprivadas.[244]

Para tanto, já diremos, de imediato, que a mesma guarda relação direta com a noção de força normativa da Constituição, com a dignidade da pessoa humana como cerne do sistema, bem como pelo reconhecimento, conseqüente, da dimensão objetiva dos direitos fundamentais. Além disso, mas somando-se a eles, temos ainda a questão do princípio da solidariedade. Elementos estes que, de imediato, passamos a abordar.

A dignidade da pessoa humana parece ser o diferencial na relativização da dicotomia público/privado, bem como no reconhecimento de direitos sociais como direitos fundamentais.[245] Assim, não há como ignorar que, a partir do momento em que se reconhece a dignidade da pessoa humana como cerne a iluminar todo ordenamento jurídico, sendo o "núcleo axiológico central del orden constitucional",[246] qualquer manifestação totalmente contrária à vinculação dos particulares a direitos fundamentais (mediata ou imediatamente) padece de anacronismo.

Feita esta constatação, inarredável é compreendermos o conteúdo e o significado do princípio constitucional da dignidade da pessoa humana que, no ordenamento jurídico brasileiro, se encontra plasmada como um dos fundamentos da República Federativa do Brasil, em seu art. 1º. Sob pena de cometermos tautologia, visto que já abordadas algumas questões no capítulo anterior, faremos apenas algumas complementações.

Conforme Segado, uma das definições mais citadas de dignidade da pessoa humana é a de Wintrich, para quem: "la dignidad del hombre consiste en que el hombre, como ente ético-espiritual, puede por su própia naturaleza, consciente y libremente, autodeterminarse, formarse y actuae sobre el mundo que le rodea".[247]

---

dade contratual. O uso da expressão 'autonomia de vontade' será feito também na acepção de 'poder de o indivíduo produzir direito'". A autora entende que as duas expressões, salvo historicamente, referem-se a uma mesma realidade.

[244] Peces-Barba utiliza o termo validade dos direitos fundamentais nas relações entre particulares. PECES-BARBA, 1995, p. 627.

[245] NEGREIROS, op. cit.

[246] FERNÁNDEZ SEGADO, 2006, p. 99-128.

[247] Ibid.

Importante ressaltar que Segado, assim como Sarlet, cujas manifestações foram transcritas,[248] atribuem uma dimensão de co-responsabilidade ao indivíduo como parte do conteúdo da dignidade da pessoa humana. Em outras palavras, ter dignidade e poder exercê-la importa também em ser responsabilizado pelos seus atos e escolhas, o que nos leva a crer que, inclusive, pode o indivíduo, por livre e espontânea vontade, limitar seus direitos fundamentais (mas não atingir seu núcleo essencial) podendo isto implicar exercício da dignidade, garantia da mesma, e não o contrário.

No âmbito da jurisprudência espanhola, a dignidade da pessoa humana não figura enquanto direito fundamental, e sim, como fonte dos direitos fundamentais, não podendo, portanto, propor ação por afronta à dignidade humana, e sim, contra algum dos direitos que são oriundos da mesma.

A este espectro, irradiação sobre todo o ordenamento jurídico corresponde à dimensão objetiva dos direitos fundamentais, que significa, de forma resumida e, portanto, simplificada, até mesmo porque já abordada[249] em item próprio, que os direitos fundamentais se projetam sobre todo ordenamento jurídico, são seus princípios conformadores. Citando Gallego "a objetividade do direito quer dizer que o mesmo não radica no sujeito, mas em algo externo a ele".[250] A dimensão objetiva guarda relação com o princípio da solidariedade, "ou seja, da responsabilidade comunitária dos indivíduos".[251]

No que diz com os direitos fundamentais sociais, Canotilho aponta que sua dimensão objetiva se manifesta através de imposições legiferantes e de fornecimento de prestações aos cidadãos "densificadoras da dimensão subjetiva essencial destes direitos e executora do cumprimento das imposições institucionais".[252]

Na dicção de Sarlet,

---

[248] Posição de Sarlet, ver Capítulo 2.2.2.2, primeira parte.

[249] Capítulo 2.2.3, primeira parte.

[250] ARANHA, Márcia Nunes. As dimensões objetivas dos direitos e sua posição de relevo na interpretação constitucional como conquista contemporânea da democracia substancial. *Revista de Informação Legislativa*, Brasília, v. 35, n. 138, p. 217-230, abr./jun. 1998.

[251] SCHIMTT, Cristiano Heineck. A invocação dos direitos fundamentais no âmbito das pessoas coletivas de direito privado. *Revista de Informação Legislativa*, Brasília, v. 37, n. 145, p. 55-70, jan./mar. 2000.

[252] CANOTILHO, José Joaquim Gomes. *Direito Constitucional e Teoria da Constituição*. 6. ed. Coimbra: Almedina, 2002, p. 474.

os direitos fundamentais exprimem determinados valores que o Estado não apenas deve respeitar, mas também promover e proteger, valores estes que, de outra parte, alcançam uma irradiação por todo o ordenamento jurídico- público e privado- razão pela qual de há muito os direitos fundamentais deixaram de poder ser conceituados como sendo direitos subjetivos públicos, isto é, de direitos oponíveis pelos seus titulares (particulares) apenas em relação ao Estado.[253]

Segundo Schmitt, o mérito de demonstrar a dimensão objetiva dos direitos fundamentais cabe à doutrina das "garantias institucionais dos institutos", incorporada pelo Tribunal Constitucional Alemão, a partir da Lei Fundamental de Bonn de 1948.[254]

A principal crítica à dimensão objetiva dos direitos fundamentais foi trazida por Forsthoff, para quem há um sério e grave comprometimento da estabilidade constitucional se o método de interpretação da mesma for calcado em valores, transmudando-se a interpretação jurídica em interpretação filosófica.[255]

Foi Alexy, na obra "Teoria de los Derechos Fundamentales" que, através da sua teoria de normas regras e normas princípios trouxe para dentro das normas jurídicas aquilo que, para muitos, conforme visto anteriormente, estava fora da noção de sistema normativo, a idéia de valor. A principal vantagem, parece-nos, está em possibilitar uma interpretação das normas constitucionais à luz do caso concreto. Para tanto, é necessário partirmos da premissa de que a Constituição, e, conseqüentemente, os direitos fundamentais são dotados de força normativa.

No que diz especificadamente com a Constituição brasileira (já que na portuguesa, por exemplo, há expressa menção de vinculação dos particulares)[256] conforme já mencionado alhures, os direitos e garantias possuem aplicabilidade imediata. Não estabeleceu, portanto, o legislador constituinte originário, e nem mesmo o reformador – caso se admitisse como possível tal fato – limites de aplicação somente em relação ao Estado. Ora, somando-se a isso a dimensão objetiva dos direitos fundamentais, parece-nos, salvo melhor juízo, que a vinculação dos particulares a direitos fundamentais é medida inarredável, a não ser que se queira sustentar que a normativida-

---

[253] SARLET, 2000.

[254] SCHIMITT, 2000, p.55-70

[255] FORSTHOFF. *Stato de diritto o Estato de giurisdizione?* apud STEINMETZ, 2004, p. 107.

[256] Art. 18, nº 1 da CRP

Direitos Fundamentais Sociais e Relações Privadas

de da Constituição é válida somente frente ao Estado como se fosse possível realizar um recorte tão preciso nas relações.

Note-se, entretanto, que com isso não se quer sustentar a aplicação arbitrária dos direitos fundamentais nas relações privadas, sendo indispensável uma adequada fundamentação sob pena de, conforme advertido por Reis, inconstitucionalidade já que a própria Constituição brasileira de 1988 exige motivação das decisões a teor de seu art. 93, inciso X.[257]

Além disso, o art. 3° da Constituição Federal de 1988 consagra, dentre seus objetivos fundamentais, a construção de uma sociedade justa, livre e solidária. Dentre as diversas matizes e discussões que o termo solidário pode levar, mas que, infelizmente, dada a riqueza da discussão e os limites deste trabalho, não serão exploradas, queremos com ele, neste trabalho, significar que solidariedade é uma evolução do individualismo, e não necessariamente o antônimo dele, uma vez que "Do ângulo do objeto ou do âmbito de proteção, o princípio refere-se ao bem estar social das pessoas e grupos, ao atendimento das necessidades básicas para uma existência digna. [...]".[258]

Conforme já verificamos, os direitos fundamentais sociais são aqueles que visam exatamente à garantia de uma vida com dignidade, ou seja, são eles uma das possíveis manifestações do princípio da solidariedade onde através do Estado, ou por si mesmas, as pessoas preocupam-se com a realização da dignidade da pessoa humana em nível geral, e não somente individual.

Vamos nos deter um pouco, aqui, na questão do princípio da solidariedade, uma vez que o mesmo é, no nosso sentir, um dos principais vetores da razão justificante da vinculação dos particulares a direitos fundamentais, mas pouco trabalhado.

A solidariedade, incialmente tratada pelos gregos antigos, transformou-se em fraternidade nas mãos dos revolucionários franceses.[259] Conforme Sêneca, citado por Peces-Barba, solidariedade implica: "a) una amistad o amor que alcanza a todo genero humano; b) um objetivo de comunidade o de unidad, y una tendência de todos a esa unidad [...]; c) um uso común de biens [...]; d) uma ayuda mutua,

---

[257] REIS, 2005.

[258] STEINMETZ, 2004, p. 119.

[259] PECES BARBA, 1995, p. 263.

que nos vien de vivir para el outro".[260] Modernamente, e acrescentando um cunho jurídico à questão, podemos dizer que a solidariedade corresponde aos deveres correlatos aos direitos, embora Peces-Barba aduza, ainda, que se presta como instrumento de compreensão e aplicação do direito e fundamenta os direitos humanos.[261]

Em que pese seja comum sustentar-se que o destinatário primeiro do princípio da solidariedade é o Estado,[262] ousamos discordar deste posicionamento. O principal destinatário do princípio da solidariedade não é o Estado, e sim, os membros da sociedade, eles é que podem ser solidários ou não, sendo o Estado um instrumento para auxiliar a construção, garantia da solidariedade,[263] o que não significa que o princípio também não se aplique a ele. Aplica-se, mas não necessariamente como destinatário principal. Assim, "a solidariedade traduz a idéia de cooperação entre os membros de uma determinada sociedade, de modo a que sua integração e soma permitam (mesmo e por causada da divisão do trabalho social) que se estruture e mantenha o funcionamento da referida sociedade".[264]

Para Sarmento, "[...] a solidariedade implica o reconhecimento de que, embora cada um de nós componha uma individualidade, irredutível ao todo, estamos também todos juntos, de alguma forma irmanados por um destino comum".[265]

Além disso, e por outro lado, costuma-se afirmar que os direitos sociais são devidos, em regra, aos necessitados, devendo, portanto, ser o Estado o principal responsável pelos direitos sociais. De fato, são as pessoas com menores condições socioeconômicas que mais parecem necessitar de auxílio, o que não significa que as outras por poderem prover a si mesmas estão desprotegidas da força irradiante destes mesmos direitos fundamentais sociais ou que em função desta situação não se admitam posições subjetivas de um particular perante o outro. O que pode ocorrer é que a forma de eficácia se estabeleça diversamente.

---

[260] PECES-BARBA, p. 264

[261] PECES-BARBA, 1995, p. 278.

[262] STEINMETZ, 2004.

[263] Exemplo típico é o recolhimento de impostos que, em que pese seja compulsório se tomarmos a teoria da desobediência civil podemos chegar a conclusão que se paga, exatamente, pois as pessoas acreditam (embora cada vez mesmo) na solidariedade.

[264] SILVA, L. R. F., 2003, p. 127-150.

[265] SARMENTO, 2004, p. 338.

Assim, frente aos elementos apontados que justificam a vinculação dos particulares a direitos fundamentais, pode-se dizer, resumidamente, que significam, ao fim e ao cabo, que a pessoa é fim, e não meio.

2.3. Teorias sobre a eficácia dos direitos fundamentais nas relações entre particulares:

No item anterior, apontamos quais são as razões para aceitar-se uma eficácia dos direitos fundamentais nas relações entre os particulares, adotando, portanto, o posicionamento de defesa desta possibilidade. Entretanto, em que pese esta opção, a mesma não soluciona o problema, apenas o remete para uma discussão que lhe é posterior: de que forma os direitos fundamentais possuem eficácia frente aos particulares. Tal discussão é de suma importância não apenas referente aos países que não expressaram em suas cartas constitucionais a vinculação dos particulares a direitos fundamentais, como também naqueles que a fizeram, como é o caso de Portugal que disse apenas o que, mas não como, a forma, a amplitude e intensidade desta vinculação,[266] cabendo a interpretação doutrinária e jurisprudencial firmar suas bases.

Na Alemanha, a partir do julgamento que entrou para a história como "Caso Lüth", passou-se, de forma efetiva, a discutir a questão da vinculação dos particulares a direitos fundamentais. Diversas são as teorias que buscam justificá-la, bem como traçar as linhas do "como" realizá-la; por outro lado, há também as teorias que defendem a não-vinculação dos particulares a direitos fundamentais. Em meios a estes dois extremos, encontramos, ainda, outras teorias, teorias medianas, não no sentido qualitativo, e sim no sentido de comungar um pouco de cada um dos radicais.

Desta forma, ocupar-no-emos, a partir de então, de traçar as linhas de cada uma destas teorias, apontando suas premissas e as

---

[266] MAC CRORIE, Benedita Ferreira da Silva. *A vinculação dos particulares a direitos fundamentais*. Coimbra: Almedina, 2005, p. 61. Ademais, aponta mencionada autora a necessidade de entender-se a amplitude do termo 'entidades' expresso na Carta portuguesa. Assim, questiona Benedita se entidades refere-se a qualquer pessoa ou apenas as coletivas e individuais poderosas. No sentido da defesa desta última possibilidade é a teoria dos poderes privados que analisaremos a seguir. Também a Constituição suíça, em seu art. 35,3 dispõe sobre a eficácia dos direitos fundamentais nas relações privadas.

críticas que são tecidas a cada uma delas, para, por fim, tomarmos uma posição pessoal que, embora já exposta, não contemplou, naquele momento, as especificidades que se fazem necessárias para a melhor compreensão da mesma.

2.3.1. Negação da vinculação dos particulares a direitos fundamentais

Segundo magistério de Reis, aqueles que advogam a não-vinculação dos particulares a direitos fundamentais baseiam-se na noção de que destruiria a identidade do direito privado, conferindo um poder demasiado ao Poder Judiciário que, por natureza, é próprio do Legislativo, legitimamente democrático.[267] Além disso, aponta Mac Crorie, sustentam também que, tradicionalmente, os direitos fundamentais são oponíveis unicamente frente ao Estado, entendimento diverso implicaria negar a própria "natureza" dos mesmos.[268]

Conforme a teoria da *State Action*, os Direitos Fundamentais apenas vinculam o Estado e são invocáveis perante uma ação estatal presumidamente ilícita.

Em obra bastante rica sobre o tema, Ubillos[269] aponta que o *Bill of Rights*, ou a Constituição americana, excetuando-se a 13ª Emenda, que proíbe a escravidão, estabelece obrigações para o Estado, não atingindo, portanto, de forma imediata, os particulares. Assim, pode-se afirmar que é desprovido de maiores controvérsias, no âmbito americano, que os direitos fundamentais impõem obrigações somente para os Poderes Públicos, à exceção da Emenda 13, já mencionada. A justificativa se dá com base na literalidade do texto que não menciona a vinculação dos particulares, na preocupação de mantença da autonomia privada,[270] bem como a relação estabelecida entre a Federação e os Estados.

---

[267] REIS, 2005.

[268] MC CRORIE, 2005, p. 14.

[269] BILBAO UBILLOS, Juan Maria. *Los derechos fundamentales em la frontera entre lo publico y lo privado*. Madrid, 1997.

[270] SARMENTO, Daniel. A vinculação dos particulares a direitos fundamentais no Direito comparado e no Brasil. In: BARROSO, Luis Roberto. *Apontamentos sobre a aplicação das normas de direito fundamental nas relações jurídicas entre particulares*. 2. ed. São Paulo: Renovar, 2006, p. 193.

Note-se que, por vezes, os Tribunais americanos amenizaram, em especial a partir da década de 40, tal posicionamento nos casos em que o particular exerce função estatal típica ou quando se possa imputar ao Estado a responsabilidade pela conduta do particular. Para essa situação, atribuiu-se o nome de *public function theory*; ou seja, "*quando os particulares* agirem no exercício de atividades de natureza tipicamente estatal, estarão também sujeitos às limitações constitucionais".[271]

O *leading case* desta situação é o caso Marsh X Alabama, onde a Corte Constitucional americana posicionou-se no sentido de atribuir eficácia a direitos fundamentais nas relações privadas, uma vez que uma das partes envolvidas estava exercendo função tipicamente estatal. Explica-se: trata-se de um caso onde testemunhas de Jeová iam divulgar sua religião dentro de "cidades fechadas",[272] e os moradores dali ingressaram com ação sustentando que estavam sendo invadidos em sua privacidade. Entendeu a Corte que, embora não fosse uma cidade típica, realizava as mesmas funções que esta, ou seja, estavam no exercício de uma atividade tipicamente estatal, estando, assim, sujeitos a direitos fundamentais de livre expressão e manifestação de crença religiosa por parte das testemunhas de Jeová, não havendo que se falar, portanto, em direito a impedir que os mesmos realizassem sua pregação naquela "cidade".

Para verificar-se se é caso de eficácia dos dispositivos fundamentais da Constituição, ou seja, utilizar a *State Action*, deve-se questionar se a ação é proveniente do Estado; caso não seja, deve-se verificar se, de alguma forma, pode ser atribuída ao Estado (*public function theory*). Assim, a Corte Constitucional vem atribuindo um conceito mais amplo à noção de *State Action* englobando, com base na *public function theory*, entidades privadas desde que realizem atividades consideradas típicas do Estado. Note-se que não significa dizer que são atividades voltadas ao público em geral, como o ensino, e sim atividades que são atribuídas quase que naturalmente ao Estado.

Embora sem aderir à doutrina da *state action*, o Supremo Tribunal Federal brasileiro no julgamento do Recurso Extraordinário 201819/RJ, em que se discutia a exclusão de determinada pessoa da

---

[271] Ibid., p. 19.

[272] Note-se que não se tratam de casas em condomínio, e sim de construções realizadas pelas grandes empresas em torno das mesmas para alocar os trabalhadores.

Sociedade Brasileira de Músicos por suposta infração estatutária sem que, entretanto, fosse possibilitada a ampla defesa do associado, estabeleceu pontos em comum.

Note-se que se trata de similitude, e não de equalização dos posicionamentos, vez que o Supremo Tribunal Federal brasileiro reconheceu a eficácia calcado no caráter público e geral da atividade, e não necessariamente como atividade típica de Estado como a Corte americana.

Voltemos agora à análise da *state acion* no âmbito americano, e a sua terceira justificativa. Conforme apontado por Comella,[273] a justificativa da necessidade da *state action* reside no fato de que há um problema histórico de delimitação do poder, no âmbito americano, entre a Federação e os Estados. O autor toma como ponto de partida decisão proferida em 1883 pela Corte Suprema que declarou inválida determinada lei federal que estabelecia a proibição da discriminação racial entre os particulares. Isto, pois, segundo a Corte Americana, a Emenda XIV, que trata a respeito do direito à igualdade, é aplicável somente frente ao Estado, não atingindo, portanto, a esfera dos particulares. Como conseqüência, segundo mencionado autor, cabe aos Estados, e não à Federação a competência para legislar a respeito de direito privado.[274] Assim, não é que não exista proteção legal no âmbito das relações entre particulares, mas sim que cabe aos Entes Federados estabelecê-las.

No mesmo sentido, Ubillos aduz que, em que pese não possa afirmar que o princípio constitucional da igualdade, por exemplo, aplica-se diretamente aos particulares, isto não significa que estes não possam ser obrigados via *common law* ou lei civil,[275] conforme já se manifestou novamente a Corte Constitucional Norte-Americana, no caso District of Columbia *vs*. Cartes, ela

> Deja mui claro que el hecho de que la enmienda XIV no brinde proteción directa frente lãs condutas meramente privadas no quiere decir que el Congreso no pueda proscribir esas conductas de acuerdo com la sección 5 de la enmienda.[276]

---

[273] FERRERES COMELLA, Victor. *La eficácia de los derechos constitucionales frente a los particulares*. Disponível em: <http://islandia.law.yale.edu/sela/scomella.pdf> Acesso em: 23 ago. 2006.

[274] O autor cita como exemplo o Estado da Califórnia (Constituição, art. 1, sessão 8), o Estado de Illinois (Constituição, art. 1, sessão 17), dentre outros que prevêem garantia de igualdade no âmbito das relações privadas. (Ibid.)

[275] BILBAO UBILLOS, 1997, p. 13.

[276] Ibid.

As principais críticas a esta teoria, segundo Ubillos, dizem com a impossibilidade de fixar regras e tese em um caso particular para verificar se é ou não um caso imputável ao Estado, bem como pelo fato de a principal sustentação da mesma ser a defesa da existência de uma esfera unicamente privada, estabelecendo, assim, conforme Sombra, uma "estanque separação entre o público e o privado e a concepção dos direitos fundamentais como direitos subjetivos públicos exercidos exclusivamente contra o Estado".[277] o que também é defendido por outras teorias, afinal, conforme Scharzschild,[278] igualdade, processo justo são princípios tão importantes quanto a liberdade o que, segundo a *state action*, só o seriam em determinados casos.

Também contrário à tese da vinculação dos particulares a direitos fundamentais manifestou-se Forsthoff aduzindo que ao assim fazer gera-se uma dissolução da Constituição, pois, deixa de ser lei, para ser mera ordem de valores. Assim, cláusulas gerais (mecanismo da vinculação indireta dos direitos fundamentais) teriam efeito devastador.[279]

Por fim, também contrária à vinculação dos particulares, manifestou-se Schwabe, na Alemanha, e, mais recentemente, Murswiek,[280] sendo tal teoria nomeada de "Convergência estatista". Segundo Sarlet,

> [...] além de negar a relevância da discussão em torno de uma eficácia direta ou indireta dos direitos fundamentais nas relações entre particulares, sustenta, em suma, que a atuação dos particulares no exercício da autonomia privada é sempre produto de uma autorização estatal, sendo as ofensas a direitos fundamentais sempre oriundas do Estado, já que a este incumbe o dever precípuo de proteger os direitos fundamentais em geral [...].[281]

O autor alemão também nega a importância dos deveres de proteção, pois se o Estado não proibiu determinada conduta, logo,

---

[277] SOMBRA, Tiago. A Eficácia dos Direitos Fundamentais nas relações jurídico-privadas: a identificação do contrato como ponto de encontro dos direitos fundamentais. Porto Alegre: Fabris, 2004, p. 197.

[278] Ibid, p.171

[279] Citado por GARCÍA TORRES, Jesús; JIMÉNEZ BLANCO, Antônio. *Derechos fundamentales y relaçciones entre particulares:* la drittwirkung em la jurisprudência del tribunal constitucional Madrid: Civitas, 1986, p. 33-34

[280] MAC CRORIE, 2005, p 37.

[281] SARLET, 2000.

a está permitindo. Partindo-se desta premissa, afirma-se que toda afronta a direitos fundamentais levada a cabo por particulares é sempre imputável ao Estado. Desta forma, não há que se falar em vinculação dos particulares a direitos fundamentais e tão-somente em vinculação do Estado aos mesmos.

Em que pese a existência destas teorias, estas não conseguiram ocupar local de destaque nem na jurisprudência, nem na doutrina. Mesmo nos Estados Unidos, conforme já visto, há uma tendência a temperar a *state action*. Quanto a Alemanha, terra natal da Teoria da Convergência Estatista, conforme veremos nas linhas que seguem, posiciona-se no sentido de defesa da eficácia dos direitos fundamentais nas relações estabelecidas na esfera privada.

2.3.2. Eficácia mediata (indireta)

During foi, na Alemanha, em obra publicada em 1956, o primeiro a sustentar, sob a égide da Lei Fundamental de 1949, a noção de eficácia mediata ou indireta dos direitos fundamentais nas relações entre particulares. Para During, segundo Sarlet, "[...] o reconhecimento de uma eficácia direta no âmbito das relações entre particulares acabaria por gerar uma estatização do Direito Privado e um virtual esvaziamento da autonomia privada".[282] Isto, pois, admite o autor que os indivíduos podem renunciar (o que, todavia, não é característica distintiva da eficácia mediata, uma vez que se admite a renúncia a direitos fundamentais até o limite de seu núcleo essencial, mesmo quando estamos diante da eficácia imediata)[283] aos seus

---

[282] SARLET, 2000.

[283] Não concordamos, portanto, com a clássica caracterização dos direitos fundamentais como direitos irrenunciáveis, inalienáveis, etc., tais características o são, tão-somente, e conforme José Virgílio, *prima facie*. SILVA, V. A., 2005, p. 61.
A possibilidade de renúncia a direitos fundamentais nas relações entre particulares é outro dos eixos possíveis de sustentação da teoria da eficácia mediata. A possibilidade de renúncia à direitos fundamentais, no âmbito das relações entre cidadão-estado, já não é tão bem vista, embora também possa ser possível.
Inicialmente, cumpre realizarmos um acordo semântico sobre o significado de "renúncia à direitos fundamentais." Em que pese estes conceitos tenha sido trazidos por Novais para abordar a possibilidade de renúncia nas relações Estado-cidadão, cremos ser possível aplicá-lo no âmbito das relações interprivadas. A renúncia implicaria em o particular vincular-se juridicamente a uma determinada situação obrigando-se a não invocar, temporária ou pontualmente, determinadas possibilidades atribuídas com base num direito fundamental. Ou seja, a renúncia, pelo menos em princípio, não pode ser total, como no caso do direito à vida, pois a renúncia será definitiva, não terá como "voltar atrás" depois de perfectibilizada. A perda,

direitos fundamentais nas relações entre particulares, tornando-se, assim, injustificável a intervenção do Estado obrigando as partes a garantirem direitos que elas abriram mão.[284]

No que tange à jurisprudência, a teoria da eficácia mediata guarda sua origem no caso Lüth, também na Alemanha, que parte da noção de que a Constituição possui uma ordem axiológica na qual "por meio da constituição, a comunidade estabelece um arsenal de valores que hão de orientar e conformar não apenas a ordem jurídica estatal, mas a vida social genericamente considerada".[285]

Vejamos, agora, algumas considerações sobre o caso Lüth: Trata-se de decisão proferida pelo Tribunal Constitucional alemão em

por sua vez, não é a vontade do particular que enfraquece seu direito fundamental e sim a ordem jurídica "com base na verificação de um pressuposto de facto." Por fim, cabe distinguir renúncia de não exercício de direito fundamental. Esta, significa que: "[...] o particular tem uma posição jurídica que a ordem jurídica lhe permite exercer ou não exercer, sendo que ambas as possibilidades podem ser configuradas como modalidades de exercício, em sentido lato, do direito fundamental em causa". Em sendo possível o particular renunciar a direitos fundamentais numa relação interprivada, também é possível que o mesmo requeira o desfazimento da obrigação. Tal situação é plenamente possível uma vez que o que houve foi uma renúncia, e não uma perda de direitos fundamentais. Em contrapartida, frente ao rompimento da relação assumida, deve o particular que a requereu ou que a deu causa, indenizar a outra parte pelos prejuízos sofridos frente a esta nova situação. Nestes casos, ainda que a apreciação seja leva ao Poder Judiciário para manifestar-se a respeito, a regra é que a validade da relação deva ser mantida e a penalidade aplicada, mesmo que em jogo estejam direitos fundamentais, pois o particular é livre para renunciá-los, desde que não resulte em afronta ao núcleo do direito fundamental posto em causa. Segundo os defensores da eficácia mediata, a inserção do juiz poder-se-ia ocorrer somente para interpretar cláusulas gerais, como por exemplo, o princípio a boa-fé. Neste sentido, até mesmo o princípio da dignidade da pessoa humana pode ser utilizado para justificar a possibilidade de renúncia a direitos fundamentais, pois a mesma também possui, conforme já mencionado alhures, uma dimensão de responsabilidade do indivíduo perante seus próprios atos. No mesmo sentido, mas com ênfase no princípio da autodeterminação, que, no nosso sentir, pode ser considerado como conteúdo da dignidade da pessoa humana: "[...] a renúncia é também uma forma de exercício do direito fundamental, dado que, por um lado, a realização de um direito fundamental inclui, em alguma medida, a possibilidade de se dispor dele, inclusive no sentido de sua limitação, desde que esta seja uma expressão genuína do direito de auto-determinação e livre desenvolvimento individual, e porque, por outro lado, através da renúncia o indivíduo prossegue a realização de fins e interesses próprios que ele considera, no caso concreto, mais relevantes que os fins realizáveis através de um exercício 'positivo' do direito. Só o Estado paternalista se arroga a pretensão de proteger tematicamente o cidadão contra si próprio".
As citações foram retiradas de NOVAIS, Jorge Reis. Renúncia a direitos fundamentais. In: MIRANDA, Jorge. *Perspectivas constitucionais nos 20 anos da Constituição de 1976*. Coimbra: Coimbra, 1996. v. 1, p. 263-335.
[284] SARMENTO, 2006, PECES BARBA, 1995, p. 6231.
[285] SARMENTO, 2006.

que se tratou a respeito da vinculação ou não, e de que forma os particulares estariam vinculados ou não a direitos fundamentais.

Em 1950, o Presidente do Clube de Imprensa de Hamburgo, Erich Lüth, sustentou boicote a um filme (Amada Imortal), dirigido por um cineasta, Veit Harlan, que havia produzido um filme anti-semita produzido durante o 3º Reich. Este cineasta conseguiu no Tribunal de Justiça de Hamburgo que Lüth se abstivesse de boicotar o filme, com base no art. 826 do BGB, que reza: "quem causar danos intencionais a outrem, e de maneira ofensiva aos bons costumes, fica obrigado a compensar o dano". Lüth, insatisfeito com a represália sofrida em seu direito de livre manifestação de pensamento/expressão, recorreu ao Tribunal Constitucional alegando ofensa aos seus direitos fundamentais. A Corte deu provimento ao recurso de Lüth, entendendo que o Tribunal de Justiça desconsiderou o significado do direito de expressão e informação de Lüth também no âmbito das relações entre particulares, como se o mesmo fosse aplicável somente nas relações estabelecidas com o Estado. Reconheceu, assim, a eficácia irradiante dos direitos fundamentais.

Nesta decisão, apontou-se que o Poder Judiciário, como órgão do Estado, não poderia deixar de intervir na questão, eis que, em relação ao Estado, há uma eficácia direta dos direitos fundamentais; o que não se verifica quando estamos a tratar no âmbito das relações privadas. Assim, o Estado, através de seu órgão de Poder Judiciário ao omitir-se de adentrar na questão dos direitos fundamentais que lhe fora trazida à tona, estaria atuando como agressor a estes direitos fundamentais.

Perceba-se, portanto, que neste caso a decisão da Corte Constitucional alemã reconheceu a eficácia indireta dos direitos fundamentais nas relações entre particulares garantindo sua aplicação somente quando, levado o caso à apreciação do Poder Judiciário, o mesmo, abstendo-se de levar em consideração os direitos fundamentais em conflito na relação entre os particulares, estaria atuando como verdadeiro afronte a direitos fundamentais, razão pela qual está obrigado a manifestar-se sobre a questão.

Assim, ainda que ao final possa-se afirmar que a conseqüência é a mesma, a fundamentação exarada até chegar-se ao resultado é fortemente marcada pela noção de que, *a priori*, somente o Estado está vinculado a direitos fundamentais, pelo menos de forma direta, estabelecendo, assim, uma linha divisória entre a relação estabelecida entre particular-Estado e particular-particular. Trata-se, neste caso, da teoria dos deveres de proteção.

Segundo esta teoria (deveres de proteção), impõe-se aos órgãos estatais "um dever de proteção dos particulares contra agressões aos bens jurídicos fundamentais constitucionalmente assegurados, inclusive quando estas agressões forem oriundas de outros particulares [...]".[286] Este dever de proteção pode ser apontado com o que diz com a dimensão positiva dos Direitos Fundamentais em relação ao Estado, pois obriga o mesmo a intervir (preventiva ou repressivamente) na proteção dos direitos fundamentais, seja qual dos Poderes for. Ou seja, esta teoria não leva em consideração se está a se tratar da dimensão negativa ou positiva dos direitos nas relações entre os particulares, e sim, que a intervenção do Estado representa a dimensão positiva do direito de acesso à justiça, direito esse oponível ao próprio Estado até mesmo porque, salvo situações excepcionais, as pessoas têm de recorrer ao Poder Judiciário para ver seus direitos satisfeitos em caso de lesão ou ameaça à lesão dos mesmos.[287]

Estes deveres jurídicos de proteção não podem ser determinados previamente em abstrato "[...] carecendo de concretização de acordo com seu respectivo conteúdo e apenas nesta medida gerando direitos subjetivos".[288] Assim, no caso de o legislador[289] "falhar" na proteção dos direitos fundamentais nas relações entre particulares, pode o juiz acolmatar tal lacuna.[290]

Percebe-se, claramente, nestes casos, que o Poder Judiciário, segundo a teoria dos deveres de proteção, está umbilcalmente ligado a direitos fundamentais. Assim, deve conformar a legislação privatística a direitos fundamentais, respeitando, sempre, a liberdade de conformação do legislador que "pode e deve graduar a proteção conforme os valores ou bens jurídicos em causa, a intensidade da ameaça e a possibilidade de autodefesa do particular".[291] Em outras

---

[286] SARLET, 2000.

[287] Na Constituição brasileira, o princípio da inafastabilidade do controle jurisdicional encontra-se expresso no art. 5º, inciso XXXV.

[288] SARLET, 2000.

[289] Para Konrad Hesse, a decisão do como realizar os deveres de proteção é primordialmente do legislador. HESSE, 1998, p. 279.

[290] SARLET, op. cit.

[291] ANDRADE, J. C. V., 2001, p. 249.

palavras, também o legislador deve respeitar o princípio da proporcionalidade não protegendo demais (proibição de excesso), "nem de menos" (proibição de insuficiência) os direitos fundamentais, deixando uma margem para o exercício da autonomia privada, própria das relações entre particulares.

> Antes há, consequentemente, que controlar *ambas:* por um lado, indagar se a intervenção nos direitos fundamentais de uma parte onera esta de forma que ofenda a "proibição do excesso"; e, por outro lado, averiguar se a lei se fica, por exemplo, aquém daquele mínimo que a Constituição impõe para a proteção da outra parte. Entre estes pontos existe, em regra, um amplo espaço de liberdade de conformação, dentro do qual a solução não é determinada jurídico-constitucionalmente, e cujo preenchimento é, por isso, deixado ao direito ordinário.[292]

Podemos afirmar, desta forma, que no que diz com a vinculação do Legislador privado, o mesmo, também por força dos dispositivos constitucionais, não tem apenas a possibilidade de legislar no sentido de realização dos direitos fundamentais, ele está obrigado a tanto.[293] Isto, pois a Constituição é o fundamento também da atividade legislativa.[294]

Desta forma, não é uma lei infraconstitucional que realiza o controle, que fundamenta outra norma do mesmo *status.* Na dicção de Canaris, que aborda de forma profunda a questão, "Nomeadamente, parece-me até uma impossibilidade intelectual querer controlar a conformidade de uma norma de direito privado com os direitos fundamentais aferindo-a segundo uma outra norma de direito privado".[295]

Em que pese a questão do legislador privado ser uma manifestação da eficácia imediata dos direitos fundamentais[296] frente ao

---

[292] CANARIS, Claus-Wilhelm. *Direitos fundamentais e direito privado.* Coimbra: Almedina, 2003, p.34-35.

[293] Neste sentido SILVA, José Afonso. *Aplicabilidade das normas constitucionais.* 3. ed. São Paulo: Malheiros, 1999, p. 164. e ANDRADE, J. C. V., op. cit., p. 373-380 (Em que pese o autor estar nestes momentos falando dos direitos fundamentais sociais, suas colocações, neste sentido, alcançam também os outros direitos fundamentais.

[294] MIRANDA, Jorge. Sobre a reserva constitucional da função legislativa. In: MIRANDA, Jorge. *Perspectivas constitucionais nos 20 anos da Constituição de 1976.* Coimbra: Coimbra, 1997. v. 2, p. 883-1014.

[295] CANARIS, 2003, p. 30.

[296] CODERCH, Pablo Salvador; RIBA, Josep Ferrer. Asociaciones, democracia y dritwirkung. In: CODERCH, Pablo Salvador (Coord.) *Asociaciones, derechos fundamentales y autonomia privada.* [s.l.]: Cadernos civitas, [s.d.], p. 91. No mesmo sentido, CANARIS, op. cit.

Estado, a abordamos neste ponto já que aqui estamos a tratar dos "deveres de proteção" que, em regra, mas como já visto, equivocadamente, é tratado como manifestação da eficácia mediata, ou mesmo, como negativa de vinculação dos particulares a direitos fundamentais, como é o caso de Canaris.

O legislador pode, portanto, afrontar direitos fundamentais quando exercer sua atividade legiferante com dispositivos contrários à Constituição, ou seja, inconstitucionais ou quando não cumprir ou cumprir de forma não-satisfatória, inadequada ou insuficiente o dever de legislar o que pode ou não levar a uma inconstitucionalidade por omissão.[297] Nas palavras de Canaris, "Aqui o legislador viola, portanto, um direito fundamental e isso não na sua função de proibição de intervenção, mas sim na sua função de mandamento de tutela".[298]

A proibição de insuficiência, é bom que se diga, é uma das manifestações possíveis do princípio da proporcionalidade, além da popular proibição de excesso (adequação, necessidade e proporcionalidade em sentido estrito), mas que, por enquanto, não dispõe de uma mesma objetivação.[299]

Assim, não apenas está o legislador vinculado à realização de direitos, como também deve "observar rigorosamente os limites estabelecidos pela Constituição para a imposição de restrições ou de limitações".[300]

No caso de insuficiência ou inexistência, que pode ocorrer por "deficiência de técnica legislativa, por intenção de não regular a matéria e por imprevisibilidade",[301] o legislador poderá estar incidindo

---

[297] SARLET, Ingo Wolfgang. Constituição e proporcionalidade: direito penal e os direitos fundamentais entre a proibição de excesso e de insuficiência. *Revista Brasileira de Ciências Criminais*, São Paulo, v. 12, n. 47, p. 60-122, mar./abr. 2004, p. 60-122.

[298] CANARIS, Claus-Wilhem. A influência dos direitos fundamentais sobre o direito privado na Alemanha. In: SARLET, Ingo Wolfgang (Org.) *Constituição, direitos fundamentais e direito privado*. Porto Alegre: Livraria do Advogado, 2003, p. 223-243. Os imperativos de tutela são, resumidamente, o controle jurídico-constitucional de uma omissão legislativa, "ou da sua compensação pela jurisprudência em conformidade à Constituição." CANARIS, 2003, p.137.

[299] SARLET, op. cit., p. 60-122.

[300] MENDES, Gilmar. Direitos fundamentais: eficácia das garantias constitucionais nas relações privadas: análise de jurisprudência da corte constitucional alemã. In: MONTEIRO, M. L. G. *Introdução ao direito previdenciário*. São Paulo: LTR, 1998, p. 237-253.

[301] MARÉS FILHO, Souza Carlos Frederico. O direito constitucional e as lacunas da lei. *Revista de Informação Legislativa*, Brasília, v. 34, n.133, jan./mar, 1997. citando José de Oliveira Ascensão

em omissão, podendo intentar-se processo de inconstitucionalidade por omissão e Mandado de Injunção, pelo menos no que diz com o sistema jurídico constitucional brasileiro, como mecanismos de tentar suprir tal proteção insuficiente. Entretanto, tanto a ação de inconstitucionalidade por omissão, quanto o Mandado de Injunção são limitados a determinadas situações, além do que, o STF achou por bem atribuir ao Mandado de Injunção os mesmos efeitos da inconstitucionalidade por omissão, qual seja, notificar o legislativo a respeito de sua mora.[302]

Ademais, e retornando a análise da teoria dos deveres de proteção, desenvolvida na Alemanha, guarda, como não poderia deixar de ser, relação com as peculiaridades de seu sistema jurídico. Vejamos. A Constituição alemã prevê a possibilidade de cada pessoa, individualmente, recorrer ao Tribunal Constitucional Federal somente se houver o poder público violado um dos seus direitos fundamentais.[303] Assim, equiparando-se os tribunais aos poderes públicos, poder-se-ia chegar-se ao Tribunal Constitucional Federal. Isto, parece-nos, pode levar até mesmo a afirmação de que a "teoria dos deveres de proteção" foi um mecanismo criado pelos alemães para

---

[302] Em que pese a existência destes mecanismos, não se pode olvidar que os mesmos são bastantes frágeis. Neste sentido, vale a pena conferir artigo de Clémerson Cléve: "Ocorre, no entanto, que não há em nosso país ações constitucionais eficientes para o controle das omissões inconstitucionais, especialmente de controle abstrato de referidas omissões. Cumpre concordar, portanto, que os mecanismos processuais colocados à disposição, pelo Constituinte, para o controle da omissão inconstitucional são bastante tímidos. É evidente que a ação direta de inconstitucionalidade por omissão apresentasse como um mecanismo absolutamente frágil de controle da omissão inconstitucional. O mandado de injunção, particularmente em função da jurisprudência da Excelsa Corte, assim como a ação direta de inconstitucionalidade por omissão, neste caso em função de sua configuração normativa, não substanciam meios eficazes e suficientes para a solução da inércia do poder público violadora de direitos fundamentais. A argüição de descumprimento de preceito fundamental, por seu turno, pode se apresentar como um interessante instrumento de controle. Cabe, entretanto, aguardar a afirmação de uma sólida jurisprudência do Supremo Tribunal Federal a respeito, o que ainda não ocorreu. É necessário, portanto, orientar-se na busca da plena efetividade da Constituição, em particular das disposições que contemplam os direitos fundamentais de natureza social, por outros caminhos". Disponível em: <http://www.unibrasil.com.br/publicacoes/critica/22/a.pdf#s earch=%22efic%C3%A1cia%20horizontal%20dos%20direitos%20fundamentais%22> Acesso em: 12 out. 2006 (Revista Crítica Jurídica, nº 22, jul/dez de 2002. Note-se, entretanto, que já há manifestações de Ministros do STF retomando a inicial função do Mandado de injunção, inclusive no âmbito dos direitos sociais (direito previdenciário). Ver MI 721/DF, rel. Min. Marco Aurélio, 27.9.2006. (MI-721). Ainda: MI 670/ES, rel. Min. Maurício Corrêa, 7.6.2006. (MI-670) e MI 712/PA, rel. Min. Eros Grau, 7.6.2006. (MI-712).

[303] Art 93, incisos I a IV, da Lei fundamental. CANARIS, 2003, p. 223-243.

garantir a eficácia imediata dos direitos fundamentais nas relações privadas adaptando-se, tão-somente, ao seu ordenamento jurídico.

No mesmo sentido, mas referindo-se ao sistema processual espanhol, manifestam-se Torres e Blanco. Embora tais autores reconheçam que seu posicionamento é minoritário na doutrina e não aceito pela jurisprudência espanhola, a construção parece-nos razoável. No caso espanhol, por força de seu regramento, o recurso de amparo que leva a matéria ao conhecimento do Tribunal Constitucional somente será conhecido se o ato atacado provier do poder público. Neste sentido, paradigmática é a decisão proferida na sentença 6/88, de 22 de março:

> Ello no impiede hablar de que estos actos de "particulares" puedan suponer lesión de derechos fundamentales como los aqui aducidos, pues tal es uma forma de expresión que el própio legislador orgânico há empleado a propósito de la libertad sindical [...] pero por las exigencias técnico-procesales referidas, el recurso de amparo solo es viable, si em caso de lesión de la libertad sindical por persona o entidad privada media un acto judicial que no repare las lesiones supuestamente verificadas.[304]

Contrariamente a esta posição manifesta-se Canaris, para quem o problema poderia ser solvido recorrendo-se simplesmente, à função de imperativo de tutela e proibição de insuficiência, pois, quem está vinculado a direitos fundamentais é o Estado, e não os particulares.

No extremo radical desta teoria, Andrade aponta Murswiek e Schwabe, para quem toda ofensa a direitos fundamentais, mesmo que cometida por particulares, é imputável ao Estado (teoria da convergência estatista), pois ou a atitude foi permitida por uma lei ou pela ausência da mesma tendo falhado, portanto, o Estado em seu dever de proteção. Assim, não há como se falar em vinculação dos particulares a direitos fundamentais.

A principal crítica a este posicionamento é a de que as pessoas não agem por delegação Estatal[305] e são responsáveis pessoalmente pelos seus atos (civil ou penalmente), a não ser que o Estado tenha descumprido um dever específico, conforme defendido, entre nós,

---

[304] PECES BARBA, 1995, p. 633. Note-se que a limitação de utilização do recurso de amparo somente nos casos dos poderes públicos é fruto de legislação infraconstitucional, uma vez que a Constituição espanhola, em seu art. 41-2 remete a lei a fixação dos casos em que se póde recorrer ao amparo, podendo, portanto, a mesma ampliar os casos previstos.
[305] CANARIS, 2003, p. 63-64.

por Ana Lúcia Amaral. Ademais, o Estado, ao realizar a intervenção, o faz em função de um imperativo de tutela, e não por ser responsável, ainda que indireto, pelo litígio.[306]

De forma resumida, podemos definir a teoria dos deveres de proteção como aquela para a qual a conciliação dos direitos fundamentais e da autonomia privada deve caber ao legislador, e não ao Judiciário, salvo nos casos em que o legislador não proteger adequadamente o direito fundamental em jogo. Pode-se afirmar, portanto, que a atuação do Judiciário seria subsidiária e complementar à do Legislativo.

Ademais, parte expressiva da doutrina e da jurisprudência tem admitido a possibilidade de os direitos fundamentais possuírem eficácia nas relações entre particulares, sendo, entretanto, o papel destes direitos resguardado a integração, interpretação das cláusulas gerais e conceitos indeterminados do Direito Privado.

> [...] entendem os partidários desta tese que a Constituição não investe os particulares em direitos subjetivos privados, mas que ela contém normas objetivas, cujo efeito de irradiação leva à impregnação das leis civis por valores constitucionais.[307]

Esta possibilidade é chamada por Steinmtz de segunda matização possível da teoria da eficácia mediata dos direitos fundamentais. A primeira matização guarda relação com o posicionamento de Düring; a terceira, atribui a possibilidade, excepcional, de o Poder Judiciário intervir diretamente quando houver uma desigualdade fática entre as partes e, por fim, uma quarta matização que possibilita a intervenção do Poder Judiciário independentemente de haver ou não desigualdade entre as partes envolvidas.

Note-se que, tanto na segunda, quanto na terceira e na quarta matização, a atuação do Poder Judiciário é sempre via de exceção, cabendo, preferencial e primordialmente a possibilidade de vincular os particulares a direitos fundamentais nas relações interprivatistas ao legislador.[308]

Mencionado autor perfilha-se à quarta teoria – cujas premissas já haviam sido apontadas por Sarlet e Canaris – sustentando, em resumo, que a relação de desigualdade não é suficiente para justificar

---

[306] CANARIS, 2003, p. 133.
[307] SARMENTO, 2006
[308] STEINMTZ, 2004, p. 150.

Direitos Fundamentais Sociais e Relações Privadas

a intervenção do Poder Judiciário, pois, "Pouco importa se o particular-agressor tem mais ou menos poder do que o particular violado [...] Não há uma relação necessária entre uma coisa e outra".[309] Em outras palavras, ou bem se considera que houve agressão a direitos fundamentais ou não, não havendo justificativa razoável para estabelecer tal distinção, até mesmo porque é possível que particulares, mesmo em relação de igualdade, causem lesão a direitos fundamentais de outrem.

No mesmo sentido, manifesta-se Mota Pinto. Para este autor, "não parece que a existência de uma situação de 'poder privado' ou de desigualdade altere o caráter jurídico privado de actuação em causa, ou o facto de a entidade em situação de poder igualmente ser titular de direitos fundamentais".[310]

Ainda segundo este autor, a vinculação dos particulares a direitos fundamentais é tarefa precípua do Legislador, sob pena de "uma substituição global do direito civil pelo direito constitucional.",[311] admitindo tão-somente a vinculação direta de forma subsidiaria nos casos em que não houver norma aplicável, cláusula geral, conceito indeterminado ou quando o juiz entender ser o caso de afastamento da norma legislativa aplicável ao caso *sub judice.*

Importante mencionar que no âmbito do chamado núcleo dos direitos fundamentais, entende Mota Pinto ser caso de vinculação direta e imediata, pois está em jogo a dignidade da pessoa humana.[312] Em sentido semelhante, manifesta-se Hesse, para quem "Se não é possível trazer ao efeito os direitos fundamentais por esse caminho, ou faltam até regulações legais, então devem os tribunais a proteção desses direitos- no exercício do dever de proteção estatal".[313] Trata-se, neste caso, da teoria dos deveres de proteção.

Perceba-se, portanto que a posição destes autores se mostra contrária à teoria dos "poderes privados", que abordaremos a seguir, como mecanismo de verificação da possibilidade de eficácia dos direitos fundamentais nas relações *interparticulares.*

---

[309] STEINMETZ, 2004, p. 159.
[310] PINTO, Paulo Mota, p.233
[311] Ibid., p. 233.
[312] Ibid., p. 241.
[313] HESSE, 1998, p. 286.

Por outro lado, também a interpretação conforme a Constituição é um mecanismo de garantir a aplicação mediata dos direitos fundamentais, tal como apontado por Sarmento.

> [...] na ausência de normas legais privadas, pelos órgãos judiciais, por meio de uma interpretação conforme a direitos fundamentais e, eventualmente, por meio de uma integração jurisprudencial de eventuais lacunas, cuidando-se, na verdade, de uma espécie de recepção dos direitos fundamentais pelo Direito Privado.[314]

Assim, pode-se afirmar que o traço distintivo entre a teoria da eficácia mediata e imediata (que veremos a seguir) reside na necessária ou dispensável regulamentação pelo legislador. No caso da eficácia mediata, os direitos fundamentais somente vinculariam os particulares se houvesse legislação estabelecendo um elo entre as relações estabelecidas entre particulares e os direitos fundamentais. A principal justificativa que embasa a teoria da eficácia mediata, além das outras razões já apontadas anteriormente, está calcada no princípio da democracia e da separação dos Poderes.[315]

2.3.3. Eficácia imediata (direta)

A noção de eficácia imediata e direta dos direitos fundamentais nas relações entre particulares foi inicialmente trazida por Walter Leisner e Hans Carl Nipperdey,[316] para quem, segundo Sarlet,

> [...] a concepção de uma vinculação direta dos particulares a direitos fundamentais encontra respaldo no argumento de acordo com o qual, em virtude de os direitos fundamentais constituírem normas expressando valores aplicáveis para toda a ordem jurídica, como decorrência do princípio da unidade da ordem jurídica, bem como em virtude do postulado da força normativa da Constituição, [...].[317]

Assim, para Nipperdey, há uma validade absoluta dos direitos fundamentais, no sentido de a terem *erga omnes*, em especial em função do princípio da dignidade da pessoa humana tomada como ponto de partida, devendo, assim, alguns direitos ser aplicados diretamente no âmbito da relação entre particulares. Este autor, segundo Andrade, sustenta seu posicionamento em duas etapas distintas: a primeira, que pode ser equiparada à Teoria dos Poderes Privados,

---

[314] SARMENTO, 2006.
[315] Ibid.
[316] Juiz do Tribunal do Trabalho alemão.
[317] SARLET, 2000.

garantindo, inclusive, direitos subjetivos; e a segunda, que trata a respeito da relação estabelecida entre "iguais". No primeiro caso, sobre o qual trataremos em item específico,

> os direitos fundamentais deveriam valer como *direitos subjetivos* contra entidades privadas que constituam verdadeiros poderes sociais ou mesmo perante indivíduos que disponham, na relação com outros, de uma situação real de poder que possa equiparar-se, nesse ponto concreto, à supremacia do Estado.[318]

Já no segundo caso, sustenta Nipperdey que também nas relações entre iguais deve existir a aplicabilidade direta, não sendo as cláusulas gerais a única forma possível de incidência.

Em que pese ter seu berço no país germânico, a teoria da eficácia imediata influenciou diversos outros países, tais como Espanha, Itália e Portugal, sendo que este último, inclusive, expressamente estabelece em seu texto constitucional de 1976, art.18, nº 1, a vinculação dos particulares a direitos fundamentais.

Segundo esta teoria, os direitos fundamentais podem e devem ser aplicados diretamente às relações estabelecidas entre os particulares, sob pena de ferir a própria ordem jurídica constitucional que é fundada (pelo menos na maior parte dos países) no princípio da dignidade da pessoa humana, na força normativa da Constituição e na solidariedade.

Desta forma, as cláusulas gerais, integração e interpretação de conceitos indeterminados, cerne da teoria da eficácia mediata, são apenas uma das formas possíveis de intervir-se na relação entre particulares garantindo a eficácia dos direitos fundamentais, e não a única possível.

> A tese da eficácia direta postula a incidência *erga omnes* dos direitos fundamentais, que assumem a condição de direitos subjetivos em face de pessoas privadas que assumam posições de poder. Nas situações que envolvem iguais, embora não se aplique a finalidade protetora os direitos fundamentais, estes também incidem diretamente, sendo empregados como parâmetros de aferição da validade dos negócios privados.[319]

Os pilares da teoria da eficácia imediata são exatamente aqueles estabelecidos para a justificação da vinculação dos particulares a

---

[318] ANDRADE, J. C. V., 2001, p. 244-245.
[319] PEREIRA, 2006.

direitos fundamentais, que, sob pena de tautologia, não iremos aqui repetir.

As principais críticas à teoria da eficácia imediata dizem, 1) com a falta de previsão constitucional de vinculação dos particulares a direitos fundamentais. Mesmo nos países que prevêem a vinculação dos particulares a estes direitos, não explica como fazer isso. Assim, a conclusão, conforme esta crítica parece lógica, embora falaciosa: se não está previsto, é porque o legislador constituinte não quis que os particulares fossem vinculados. 2) A relação Estado-particular é muito diferente da relação particular-particular, pois nesta última há a regência do princípio da autonomia privada, não sendo possível, portanto, atribuir-se a mesma eficácia direta preconizada em relação ao Estado.[320] Ao aplicar-se diretamente os direitos fundamentais nas relações interprivatistas, estar-se-ia aniquilando a esfera de liberdade e autonomia próprias do âmbito privado. Nas palavras de Linetzky:

> Así, la consabida *constitucionalizaciós* del derecho privado redundaria en su potencial disolución, que terminaría por destruir su racionalidad interna con la consecuente perdida de certeza jurídica para los actores sujetos a sus normas.[321]

3) Implica afronta ao princípio democrático, a separação dos poderes e a segurança jurídica. O núcleo desta crítica reside no fato de que a vinculação ou não dos particulares a direitos fundamentais e a medida é competência do legislador democraticamente legitimado para tanto, e não do juiz. O juiz, assim, só estaria autorizado a intervir por meio das cláusulas gerais e conceitos indeterminados imbutidos na legislação exatamente para possibilitar mencionada intervenção que foi, por isso, autorizada pelo legislador.[322] Em relação ao princípio da segurança jurídica, residiria a eficácia imediata no limbo da insegurança, uma vez que os princípios constitucionais, dada a sua vagueza e indeterminação, são incompatíveis com a necessidade de regras claras e determinadas no âmbito privado.

As outras críticas acabam por confundir-se exatamente com os pilares da teoria da vinculação indireta dos particulares a direitos

---

[320] AGUILA-REAL Jesus Alfaro. Autonomia privada y derechos fundamentales. *Anuario de Derecho Civil*, v. 46, n. 1, ene./mar. 1993

[321] LINETZKY, Andrés Jana. La eficácia horizontal de los derechos fundamentales. Disponível em: <http://islandia.law.yale.edu/sela/sjana.pdf > Acesso em: 8 fev. 2007.

[322] STEINMETZ, 2004, p. 174.

fundamentais, razão pela qual remetemos o leitor aquilo que já foi dito no item, sob pena de tornarmo-nos redundante desnecessariamente.

Como contraponto as críticas estabelecidas contra uma eficácia direta e imediata dos direitos fundamentais nas relações privadas podemos tecer os seguintes comentários, dentre outros, não sendo apresentados, necessariamente na ordem das críticas demonstradas anteriormente.

De fato, a Constituição brasileira não informa expressamente a eficácia dos direitos fundamentais, nem mesmo o "como" nas relações privadas, o que não leva, como querem fazer crer alguns que, por esta razão, não há mencionada eficácia. Lógica está que pode ser apontado como falaciosa, pois o argumento contrário também é válido: se não estabeleceu limitação, é porque vale para todos. Desta forma, no mínimo, o argumento da não-positivação é insuficiente para justificar quaisquer dos posicionamentos, devendo ser somado a outros.

De outra banda, em que pese na Constituição brasileira, por exemplo, não existir expressamente os termos "autonomia privada", o que pode levar à falsa compreensão de que, por essa ausência, não se trata de um direito fundamental, a mesma pode ser extraída de uma série de outros princípios constitucionais expressos, tais como o direito à propriedade (art. 5º, inciso XXII), princípio da livre iniciativa (art.1º, inciso IV e 170, *caput*),[323] bem como da própria dignidade da pessoa humana já que, conforme apontado por Branco,

> O próprio reconhecimento do valor da dignidade humana como fundamento do Estado brasileiro (art. 1º, III, CF) – dignidade que não se concebe sem referência ao poder de autodeterminação – confirma o *status* constitucional do princípio da autonomia individual.[324]
>
> Assim, a autonomia enquanto princípio constitucional, sua aplicabilidade deve ser harmonizada com outros princípios hierarquizando-os axiologicamente a depender

---

[323] REIS, Jorge Renato dos; FISCHER, Eduardo Ferreira. Hermenêutica para vinculação dos particulares a direitos fundamentais. In: LEAL Rogério Gesta; REIS, José Renato dos. *Direitos sociais e políticas públicas. desafios contemporâneos.* Sana Cruz do Sul: EDUNISC, 2006. v. 6, p. 1643-1671.

[324] BRANCO, Paulo Gustavo Gonet. Aspectos de teoria geral dos direitos fundamentais. In: MENDES, Gilmar Ferreira et al. *Hermenêutica constitucional e direitos fundamentais.* Brasília: Brasília Jurídica, 2002, p. 103-194.

do caso concreto.[325] Não há como, portanto, fundamentar-se convincentemente, segundo os críticos, a vinculação mediata dos particulares a direitos fundamentais calcada na possibilidade de extirpação da autonomia privada do ordenamento jurídico.

Neste sentido, além de tudo que já foi dito, soma-se a observação de Steinmetz de que quando se defende, pelo menos seriamente, a eficácia imediata dos direitos fundamentais não se está propondo que os direitos fundamentais irão simplesmente suplantar e extirpar a autonomia privada do ordenamento jurídico, mesmo porque esta também é princípio fundamental e, exatamente por isso, pode ser ponderada frente a outros direitos também fundamentais.[326] Assim, não se pretende com isso dizer, por exemplo, que uma restrição a direito fundamental contratualmente estabelecida seja necessariamente nula,[327] será necessário, isso sim, ponderar-se, a luz do caso concreto, os direitos em conflito[328] através da utilização do princípio da proporcionalidade.[329]

Quanto ao fato de que não devemos dar ao Poder Judiciário prerrogativas que são típicas do Poder Legislativo, em função deste segundo estar legitimado democraticamente pelo voto; por outro, não podemos nos esquecer que há direitos que não podem ficar a mercê das maiorias parlamentares, devendo ter proteção pelo Poder Judiciário a despeito de previsão legislativa infraconstitucional, pois possui legitimidade contramajoritária.[330]

---

[325] Interpretação sistemática do direito. FREITAS, Juarez. Em sentido contrário, a ponderação do princípio da autonomia privada encontramos Virgílio Silva, para quem a autonomia é um princípio formal de competência que se presta a aceitar as validade das relações firmadas entre particulares, mas não admite o uso da proporcionalidade. (SILVA, V. A., 2005, p. 153).

[326] STEINMETZ, 2004, p.68-169.

[327] MAC CRORIE, 2005, p. 77.

[328] CASTILLO, Luis Fernando ¿Existen los llamdos conflictos entre derechos fundamentales? *Cuestiones Constitucionales*, Córdova, n. 12, p. 99-129, ene./jun. 2005. Manifesta-se contrariamente à existência de conflitos entre direitos fundamentais. Diz que sua existência é apenas aparente. Os direitos do homem são harmônicos e não contraditórios, de vigência conjunta, pois há unidade da natureza humana. O que deve ser feito, portanto, é determinar qual o conteúdo do direito fundamental.

[329] Todavia, a compreensão a respeito da possibilidade de utilização da lei de ponderação no que tange a autonomia privada sofreu, recentemente, críticas por parte de Silva, que sustenta, embora não de maneira clara, em apertada síntese, que o recurso à proporcionalidade demonstra-se problemático, uma vez que é impossível o sopesamento entre autonomia privada e direitos fundamentais porque a primeira *"funciona como razão para aceitar as decisões tomadas nas relações entre particulares"*, bem como pelo fato de que a perquirição sobre a necessidade e a adequação – sub-princípios da proporcionalidade – também não se mostram adequadas.

[330] ALEXY, 1999a.

Também não procede a alegação de que a intervenção do Poder Judiciário, como órgão de Estado com deveres de proteção, transmudaria a eficácia dos direitos fundamentais nas relações entre particulares negando-a, portanto.

A principal crítica à teoria dos deveres de proteção (já desenvolvida anteriormente) diz com o fato de que, segundo Sarmento: "[...] no contexto da sociedade contemporânea, só por mero preconceito se pode excluir os particulares, sobretudo os detentores de posição de poder social, da qualidade de destinatários dos direitos fundamentais".[331] Além disso, entendemos ser a teoria da eficácia mediata, pelo menos no que diz com os deveres de proteção, apenas uma forma de negar a vinculação direta no âmbito teórico, pois, na prática, os resultados são os mesmos. Nas palavras de Mac Crorie, "Vincular o juiz a estes direitos implica, na prática, que os particulares também o estejam".[332] Ademais, e por fim, o juiz somente aplica os direitos fundamentais em suas decisões porque os particulares a ele estão vinculados, e não apenas porque o juiz está.

Além disso, a interpretação conforme a Constituição, outro mecanismo que pode ser extraído da teoria dos deveres de proteção, é característica de qualquer ordenamento que preze ser a Constituição a norma ápice do sistema, organizando-se desta forma. No âmbito brasileiro, por exemplo, o controle de constitucionalidade das leis, inclusive, é também difuso, do caso concreto, incidental ou qualquer que seja o nome que venha lhe ser atribuído, admitindo nossa Corte Constitucional que, mesmo nos casos em que determinada norma seja considerada constitucional por meio do controle concentro, ainda assim, a mesma pode ser inconstitucional à luz de determinado caso concreto. Enfim, a qualquer juiz é assegurado o direito, na verdade, é estabelecido o dever, de as normas serem interpretadas à luz dos preceitos constitucionais.

Não há, portanto, no nosso sentir, como querer atribuir-se esta obrigação como mecanismo de justificativa para a eficácia mediata dos direitos fundamentais. Pelo contrário, é exatamente porque as normas constitucionais possuem, na medida de sua eficácia, aplicabilidade imediata que se possibilita o controle de constitucionalidade incidental, pelo menos no âmbito brasileiro, onde se admite,

---

[331] SARMENTO, 2004, p. 261.
[332] MAC CRORIE, 2005, p. 67.

inclusive, a inconstitucionalidade por omissão, calcada, em especial naquilo que se pode chamar proibição de insuficiência na proteção a direitos fundamentais.[333]

Ressalte-se que, com isto, não estamos apenas querendo fazer crer que militamos juntos àqueles que defendem, pelo menos os de forma ampla, a vinculação direta dos particulares a direitos fundamentais, mas estamos tentando demonstrar a incorreção do argumento que, parece-nos, é mais utilizado como forma de tentar afastar qualquer hipótese de vinculação direta do que propriamente, estabelecer um mecanismo de justificativa de vinculação indireta.

Interessante observar que em que pesem as relações geridas pelo Estado estarem dependentes do princípio da legalidade, a indeterminação dos princípios constitucionais não são utilizadas para negar a vinculação dos poderes públicos aos mesmos, causando alguma perplexidade que se oponham tais características quando estamos a falar da relação firmada entre particulares.[334] Ademais, não é porque precipuamente caiba ao legislador a concretização dos direitos fundamentais que não se pode falar em vinculação direta dos particulares aos mesmos, mesmo que exista norma infraconstitucional regulamentando a questão. Trata-se, neste último caso, segundo Mac Crorie, de "dupla fundamentação da mesma pretensão".[335]

No que diz com as cláusulas gerais, segundo Costa, estas são aquelas que possibilitam o progresso do direito sem ter de se recorrer pontualmente à intervenção legislativa, ou seja, conferem "aos novos problemas soluções *a priori* assistemáticas, mas promovendo, paulatinamente, a sua sistematização".[336]

Para Amaral, são:

> [...] disposições normativas abertas, preceitos jurídicos vazios ou incompletos, podem compreender, por sua generalidade e abstração, grande número de casos, permitindo ao intérprete criar, com mais liberdade, as normas jurídicas adequadas aos casos concretos que enfrentam.[337]

---

[333] SARLET, 2004, p. 60-122.

[334] SARLET, 2000. No mesmo sentido e adotando a teoria de Sarlet, MAC CRORIE, 2005, p. 72.

[335] MAC CRORIE, 2005, p. 74.

[336] COSTA, Judith Martins. O direito privado como um sistema em construção. *Revista de Informação Legislativa*, Brasília, v. 35, n. 139, p. 5-22, jul./set. 1998.

[337] AMARAL, Francisco O Código Civil brasileiro e o problema metodológico de sua realização, do paradigma da aplicação ao paradigma judiciário decisório. *Revista da Ajuris*, Porto Alegre, v. 32, n. 100, p. 10-137, dez. 2005.

Assim, pode-se afirmar que a cláusula geral é um mecanismo utilizado pelo legislador para abertura do sistema, de modo a possibilitar a intervenção do Poder Judiciário através da atribuição de sentido as mesmas à luz do caso concreto trazido a sua apreciação. O juiz, ao interpretar tais cláusulas e conceitos indeterminados, o preencheria trazendo para o caso a incidência de valores.

Há ainda quem sustente, no nosso sentir, entretanto, de forma equivocada, que "as cláusulas gerais surgem como novos direito fundamentais dos cidadãos em face do poder econômico das organizações empresariais transnacionais".[338]

Segundo Steinmetz, a exigência de existências das cláusulas gerais trazidas para o ordenamento privatístico de pouco serve para garantir a tão aclamada segurança jurídica apontada como um dos pilares da teoria da eficácia mediata. Isto, pois se os enunciados lingüísticos que prevêem os direitos fundamentais são dotados de natureza semântica ambígua, o mesmo pode-se dizer das cláusulas gerais e conceitos indeterminados. "Assim, tarefas complexas de interpretação e aplicação existem tanto no âmbito dos textos de direitos fundamentais como no das cláusulas gerais".[339]

O respeito ao princípio da autonomia privada, assim como outros princípios fundamentais, não é revestido de caráter absoluto podendo, e devendo, ser ponderado à luz do caso concreto. Segundo Steinmetz: "Dizer que a liberdade contratual é um princípio fundamental não significa dizer que ela é um princípio absoluto".[340]

Ainda que a teoria da eficácia mediata nos remeta, ao menos de certa maneira, a esta noção, atribui a possibilidade de limitação e ponderação da mesma somente quando houver cláusulas gerais e conceitos indeterminados. Onde o legislador não previu tal possibilidade não haveria vinculação a direitos fundamentais. Tal posicionamento, segundo críticas, acaba ao fim por limitar a força normativa da Constituição, bem como o princípio da máxima efetividade dos direitos fundamentais.

---

[338] SIMIONI, Rafael Lazzaroto *et al.* Cláusulas gerais e sensibilidade comunicativa: direito fundamentais privados na sociedade global. *Revista de Direito Privado*, São Paulo, n. 25, p. 250-267, jan./mar. 2006.

[339] STEINMETZ, 2004, p. 162.

[340] Ibid., p. 192.

Além disso, o crescimento da existência dos contratos de adesão, frente à sociedade de massa que se impõe, restringe, e muito, a real liberdade de contratação defendida pela teoria da eficácia mediata. Nestes casos, a liberdade de contratar restringir-se-ia simplesmente a contratar ou não contratar e, ainda, em alguns casos, conforme Martins-Costa,[341] nem mesmo a possibilidade de não contratar existiria em função da indispensabilidade, em alguns casos, de contratar, tal como o serviço de telefonia. A questão que se impõe é: será que mesmo nestes casos a teoria da eficácia mediata justifica-se?

Ao assegurar-se a aplicabilidade direta e imediata dos direitos fundamentais às relações entre particulares não implica supressão da autonomia privada e, conseqüentemente, do direito privado, em especial porque a mesma também tem guarida constitucional, e a dogmática e a jurisprudência já se ocuparam de desenvolver mecanismos de evitar o ativismo judicial, através do princípio da proporcionalidade.[342] Ademais, não há como, conforme apontado por Ferreira Mendes, resolver-se o conflito entre particulares com base no princípio *in dubio pro libertate*.[343]

2.3.4. Vinculação dos "poderes privados"

Para desenvolver este capítulo, tomaremos como ponto de partida decisão proferida pela Corte Suprema da Argentina, em 1958, que se utilizou da Teoria da vinculação dos Poderes Privados para proferir sua decisão, reconhecendo a aplicação direta dos direitos fundamentais no caso que ficou conhecido como caso Samuel Kot.

Samuel Kot era uma empresa que foi ocupada por seus trabalhadores quando, a despeito de decisão judicial, recusou-se a reintegrar no emprego funcionário anteriormente demitido. Com suas atividades totalmente suspensas em razão da ocupação, Samuel Kot interpõe recurso de amparo (correspondente ao nosso Mandado de Segurança) com vista a garantir a liberdade de trabalho, a proprie-

---

[341] COSTA, Judith Martins. Os direitos fundamentais e a opção culturalista do novo código civil. In: SARLET, Ingo Wolfgang (Org.) *Constituição, direitos fundamentais e direito privado*. Porto Alegre: Livraria do Advogado, 2003, p. 61.

[342] Sobre o assunto: STEINMETZ, 2001.

[343] MENDES, Gilmar Ferreira. A eficácia dos direitos fundamentais nas relações privadas: exclusão de sócio da união brasileira de compositores. (RE 201,819) *Revista da Ajuris*, Porto Alegre, v. 32, n. 100, p. 139-151, dez. 2005.

dade privada e a livre atividade, todos direitos constitucionalmente garantidos na Constituição argentina.

A Corte Constitucional, embora por maioria, entendeu que as relações entre particulares estavam submetidas a direitos fundamentais, não havendo, portanto, pelo menos *a priori*, diferenças no que diz com a relação particular-Estado, dando provimento ao recurso, *in verbis:*

> La Corte acogió el planteo ampliando la jurisprudencia amparista que había proclamado el año anterior en "Siri", aclarando que si bien en aquella oportunidad la restricción ilegítima provenía de la autoridad pública y no de actos de particulares, "tal distinciónno no es esencial a los fines de la protección constitucional". Admitido que existe una garantía tácita o implícita – dijo la mayoría de la Corte – que protege los diversos aspectos de la libertad individual (art. 33, Const. Nacional), ninguna reserva cabe establecer de modo que excluya en absoluto y a priori toda restricción que emane de personas privadas. En disidencia, Aráoz de Lamadrid y Oyhanarte dijeron que las "garantías constitucionales" para cuyo resguardo puede decirse que existe el remedio de amparo eran únicamente "los derechos públicos subjetivos que el hombre tiene frente al Estado", y advirtieron enfáticamente sobre el peligro y la inseguridad que podrían derivarse del criterio amplio de la mayoría.

Nesta decisão, parece que a Corte Argentina recorreu à aplicação da teoria dos poderes privados, que explanaremos nas linhas posteriores, posicionando-se, assim, no sentido de uma eficácia direta dos direitos fundamentais nas relações interprivadas, ainda que limitada, no caso, ao poder exercido por "entes coletivos".

Interessante mencionar que a vinculação a direitos fundamentais se dava, no caso que ora apresentamos, em favor do particular que teve sua fábrica invadida, e não em favor dos trabalhadores que haviam invadido e ocupado a fábrica como, inicialmente, poder-se-ia imaginar.

Passemos, então, à análise da teoria propriamente dita.

A idéia de que não apenas com o Estado estabelecem-se relações de poder foi apontada por Foucault, em especial na obra "Micro-Física do Poder" na qual o autor demonstra que as relações de poder dão-se também no âmbito das relações familiares, sociais, etc.

Frente a esta constatação, é inegável que há, conforme apontado por Ubillos, um crescente multiplicar de centros de poder disseminados pela sociedade, levando este autor a afirmar que estas relações de desigualdade são indissociáveis das relações humanas, sendo inerentes a toda organização social.[344]

A partir desta noção, desenvolveu-se nos Estados Unidos da América a "teoria da vinculação dos poderes privados". Segundo Sousa Santos, citado por Jane Pereira, o poder pode ser conceituado como "qualquer relação social regulada por uma troca desigual".[345]

Conforme esta teoria, há relações, ou seja, fora da relação particular-Estado, que se estabelecem entre desiguais (indivíduo e detentor de poder econômico ou informativo [também sujeito particular]) e relações que se pressupõem iguais.

Nas relações estabelecidas entre os desiguais, aquele que detém o poderio econômico estaria vinculado diretamente a direitos fundamentais. Aos poderes privados aplicar-se-iam as mesmas disposições que ao Estado relativamente a eficácia dos Direitos Fundamentais, ou seja, existiria uma eficácia direta e imediata.[346]

Um outro ponto importante de se ressaltar é que a teoria dos poderes privados não se confunde com a *state action*. Muito embora ambas trabalhem com o elemento "poder", na *state action*, somente poderá se falar em eficácia dos direitos fundamentais nas relações privadas se a atuação do ente privado foi equiparável a uma função típica do Estado, excluindo, portanto, outras relações de poder, o que não se verifica quando estamos tratando da teoria dos poderes privados.

As principais críticas tecidas em relação a esta teoria dizem com o fato de que há poderes privados que podem ser uma ameaça ou mesmo uma proteção (ex. sindicatos). Além disso, ao considerar-se o poder, não se deve afastar, nem descuidar que nem por isso deixam de ser titulares de direitos fundamentais.

Conforme Mota Pinto, a noção de "poderes privados" como critério metódico para a verificação sobre a eficácia direta ou não dos direitos fundamentais nas relações privadas busca equalizar a relação frente à quantificação do poder social exercido por uma das

---

[344] BILBAO UBILLOS, Juan Maria. ¿Em qué medida vinculan a los particulares los derechos fundamentales? SARLET, Ingo Wolfgang (Org) *Constituição, direitos fundamentais e direito privado*. 2. ed. Porto Alegre: Livraria do Advogado, 2006, p. 301-340.

[345] PEREIRA, 2006.

[346] MAC CRORIE, 2005, p. 21.

partes sobre a outra. Entretanto, tal eficácia será apenas subsidiária, ou seja, quando não houver normas de direito privado que sejam capazes de fornecer uma solução adequada ao caso concreto prejudicando, assim o seu núcleo vinculado à dignidade humana. Por esta razão, entende mencionado autor que o ideal é recorrer-se a função dos direitos fundamentais enquanto imperativos de tutela obrigando "as entidades públicas a intervir nas relações entre particulares (determinando o 'se' da intervenção, e cabendo a essas entidades escolher o 'como'), designadamente, dispondo os meios mais adequados para tal".[347]

Assim, e na esteira do magistério de Sarlet, mesmo nos casos em que não se verifique a categoria dos poderes sociais, existirá a eficácia direita dos direitos fundamentais. Além disso, por mais poderoso que seja o particular, ainda assim, não estaremos, necessariamente, em situação similar aquela estabelecida com o Estado.[348]

2.4. O Supremo Tribunal Federal brasileiro e a eficácia dos direitos fundamentais nas relações entre particulares

Na busca do reconhecimento da eficácia dos direitos fundamentais nas relações entre particulares, um importante ator, conforme diversas vezes já confirmado nas linhas que antecedem através de exemplos, é o Poder Judiciário, uma vez que é nele que ao final, acabam desaguando os litígios e cujas respostas (decisões) têm força cogente.

Neste passo, importa, nesta etapa, discorrer, ainda que brevemente, sobre o posicionamento adotado pelo Supremo Tribunal Federal brasileiro, já que o Brasil é objeto central deste trabalho. Para tanto, recorremos à análise de alguns casos que tomamos como relevantes para a análise do tema, mesmo que neles não se aborde de forma expressa à problemática da eficácia dos direitos fundamentais nas relações entre particulares, o que vêm a ratificar a imaturidade do tema, pelo menos, no âmbito do Poder Judiciário brasileiro.

Inicialmente, registre-se que em que pese a existência de posicionamentos do Supremo Tribunal Federal, conferindo eficácia

---

[347] PINTO, Paulo Mota. *O direito ao livre desenvolvimento da personalidade*. [s.l.]: [s.n.], 2000, p. 227- 243.

[348] SARLET, 2000, p. 54-104.

direta a direitos fundamentais nas relações privadas,[349] as diversas manifestações e matizes apresentadas nos julgamentos são dignas de nota.

No julgamento do Recurso Extraordinário 201819/RJ, caso da SBM (Sociedade Brasileira de Músicos), o voto da relatora, Ministra Ellen Gracie, que fora ao final vencido, foi manifesto em negar eficácia do direito fundamental à ampla defesa às relações interprivadas:

> controvérsia envolvendo a exclusão de um sócio de entidade privada resolve-se a partir das regras do estatuto social e da legislação civil em vigor. Não tem, portanto, o aporte constitucional atribuído pela instância de origem, sendo totalmente descabida a invocação do disposto no art. 5º, LV da Constituição para agasalhar a pretensão do recorrido de reingressar nos quadros da UBC. Obedecido o procedimento fixado no estatuto da recorrente para a exclusão do recorrido, não há ofensa ao princípio da ampla defesa, cuja aplicação à hipótese dos autos revelou-se equivocada, o que justifica o provimento do recurso.

Por outro lado, o voto do Ministro Gilmar Ferreira Mendes foi no sentido de garantir a aplicabilidade direta dos direitos fundamentais nas relações firmadas entre particulares, apontando, como base de sua fundamentação o fato de que "trata-se de entidade que se caracteriza por integrar aquilo que poderíamos denominar como espaço público ainda que não-estatal".[350] Mais adiante, continua:

> Esse caráter público ou geral da atividade parece decisivo aqui para legitimar a aplicação direta dos direitos fundamentais concernentes ao devido processo legal, ao contraditório e à ampla defesa (art. 5º, LIV e LV, da CF) ao processo de exclusão de sócio de entidade.[351]

Verifica-se, portanto, que, não obstante o reconhecimento da eficácia dos direitos fundamentais nas relações entre particulares, a mesma foi tomada com *granus salis*, reclamando, para tanto, a adição de outro elemento, qual seja, o caráter de espaço público de uma das partes envolvidas, aproximando-se, conforme já dito anteriormente, da *public function theory*.

Em outra decisão, também em sede de Recurso Extraordinário nº 158.215, a Segunda Turma do Supremo Tribunal Federal (STF), com relatoria do Ministro Marco Aurélio, posicionou-se no sentido

---

[349] RE nº 160.222-RJ, RE nº 161.243-DF.

[350] Informativo 405 do STF. 11-14 de outubro de 2005.

[351] Ibid.

Direitos Fundamentais Sociais e Relações Privadas

de que a expulsão de sócio de uma cooperativa deve respeitar a ampla defesa e o contraditório, por mais difícil que a relação interpessoal tenha se tornado. Nas palavras do próprio relator: "a exaltação de ânimos não é de molde a afastar a incidência do preceito constitucional assegurador da plenitude da defesa nos processos em geral."

Aponta Branco que, apesar de não terem sido feitas considerações acadêmicas referente à temática da eficácia dos direitos fundamentais na relações entre particulares, a decisão a tomou como indiscutível, abraçando a tese da eficácia direta e imediata.[352] Além disso, distancia-se do posicionamento de que é necessária a existência de uma relação Estado-indivíduo para que ocorra mencionada incidência.

Sobre o acórdão, conclui Branco:

> O julgado em comento marca postura do Supremo Tribunal em conferir larga extensão à garantia da ampla defesa, firma precedente inserindo o direito brasileiro na corrente que admite a invocação de direitos fundamentais no domínio das relações privadas e dá entrada a novas e ricas perspectivas argumentativas na compreensão do direito de se associar e no manejo do próprio recurso extraordinário.[353]

No ano de 1995, através do julgamento do Recurso Extraordinário n° 160.222-RJ, de relatoria do Ministro Sepúlveda Pertence, na 1ª Turma do STF, discutiu-se se a exigência de gerente em submeter suas funcionárias à revista íntima resultaria em crime de constrangimento ilegal. A decisão foi assim ementada;

> I. Recurso extraordinário: legitimação da ofendida – ainda que equivocadamente arrolada como testemunha –, não habilitada anteriormente, o que, porém, não a inibe de interpor o recurso, nos quinze dias seguintes ao término do prazo do Ministério Público, (STF, Sums. 210 e 448). II. Constrangimento ilegal: submissão das operárias de indústria de vestuário a revista íntima, sob ameaça de dispensa; sentença condenatória de primeiro grau fundada na garantia constitucional da intimidade e acórdão absolutório do Tribunal de Justiça, porque o constrangimento questionado a intimidade das trabalhadoras, embora existente, fora admitido por sua adesão ao contrato de trabalho: questão que, malgrado a sua relevância constitucional, já não

---

[352] BRANCO, Paulo Gustavo Gonet Associações, expulsão de sócios e direitos fundamentais. *Revista Diálogo Jurídico*, Salvador, n. 13, abr./maio 2002. Disponível em: <http://www.direitopublico.com.br/PDF_13/DIALOGO-JURIDICO-13-ABRIL-MAIO-2002-PAULO-GUSTAVO-GONET.pdf> Acesso em: 19 jan. 2007.

[353] Ibid.

pode ser solvida neste processo, dada a prescrição superveniente, contada desde a sentença de primeira instância e jamais interrompida, desde então.[354]

Sem embargo de a questão não ter sido amplamente discutida frente ao reconhecimento da prescrição,[355] manifesto está que, ao admitir o Recurso Extraordinário, o STF reconheceu que a problemática não estava somente na legislação infraconstitucional, ou restrita ao contrato firmado entre as partes, e sim, implicava análise das garantias fundamentais da pessoa humana, conforme se depreende da leitura da manifestação do Relator:

> Lamento que a irreversibilidade do tempo corrido faça impossível enfrentar a relevante questão dos direitos fundamentais da pessoa humana, que o caso suscita, e que a radical contraposição de perspectivas entre a sentença e o recurso, de um lado, e o exacerbado privalismo do acórdão, de outro, tornaria fascinante.

Segundo Sombra,

> o caso em espécie suscita a perspectiva da desigualdade fático-econômica entre os atores sociais envolvidos, o que não dispensa a correta delimitação das premissas que ensejarão a graduação da incidência dos direitos fundamentais.[356]

Note-se, entretanto, que conforme já visto no item 2.3.1, segunda parte, deste trabalho, em decisão proferida no ano de 2005, também pelo Supremo Tribunal Federal, ou seja, após a que ora se analisa, retomou argumento que se aproxima da leitura da eficácia dos direitos fundamentais nas relações privadas quando uma das partes gozar de *status* de pública, ainda que minimamente. Tal constatação nos leva a poder concluir que ainda não foram sedimentados os posicionamentos havendo muito que se discutir.

No que diz com os direitos sociais, preocupação latente da presente dissertação, em fevereiro de 2006, sobreveio fascinante decisão do Pleno do Supremo Tribunal Federal a respeito dos efeitos que a incorporação do direito à moradia dentre o rol dos direitos sociais do art. 6º da Constituição poderia gerar. O litígio versava a respeito da interpretação a ser dada a possibilidade da penhora do bem de família do fiador por força da Lei 8009/90, que a prevê.

---

[354] BRASIL. Supremo Tribunal Federal. RE n° 160.222-RJ. Relator: Min. Sepúlveda Pertence. *DJ* 01 set. 1995.

[355] A matéria foi levada ao STF via recurso criminal, já que o Ministério Público havia denunciado o empregador por constrangimento ilegal.

[356] SOMBRA, 2004, p. 142.

Baseando-se na premissa de que há diversas possibilidades de garantir-se a concretização do direito à moradia e, dentre elas, a possibilidade de penhora do bem de família do fiador, pois esta garantia facilita a celebração dos contratos de locação, decidiu o STF pela constitucionalidade de mencionado dispositivo legal.

Em voto divergente, o eminente Ministro Eros Roberto Grau manifesta-se no sentido de que o legislador está vinculado a direitos fundamentais ao realizar sua atividade legiferante, referindo-se, inclusive ao fenômeno da "constitucionalização do direito civil". Além disso, aponta, por outro lado, que a efetivação do preceito constitucional que assegura o direito à moradia não se trata de prestação a ser adimplida pelo Estado.

Pois bem, de fato não há expressamente a abordagem do tema da eficácia dos direitos fundamentais nas relações estabelecidas entre privados, pelo menos não nestes termos. Todavia, a questão tangencia os votos proferidos ao tratar da vinculação do legislador privado, da responsabilização (ao menos direta) do Estado na realização do direito à moradia ao admitir a penhorabilidade do bem de família do fiador.

O voto do Ministro Joaquim Barbosa, em contrapartida, é emblemático ao reconhecer a colisão de dois direitos fundamentais: o direito à moradia, por um lado; e o direito à liberdade, manifestado através da autonomia de vontade, e expresso por meio de contrato, por outro. Ademais, aponta claramente para o fato de estar se discutindo não uma relação particular-Estado, e sim particular-particular tornado, por conseguinte, o caso singular.

Destarte, posiciona-se o Ministro da seguinte forma:

> A decisão de prestar fiança , como já se disse, é expressão da liberdade, do direito à livre contratação. Ao fazer uso desta franquia constitucional, o cidadão, por livre e espontânea vontade, põe em risco a incolumidade de um direito fundamental social que lhe é assegurado na Constituição. E o faz, repito, por vontade própria.[357]

Nesse passo, poderíamos questionar a real liberalidade daquele que deu seu único imóvel como fiança a outrem, em especial, quando estamos a tratar de pessoas cuja situação socioeconômica pode prejudicar a sua real compreensão sobre as conseqüências de sua manifestação de vontade. Por outro viés, podemos, ainda, sus-

---

[357] RExt 407688

tentar, como o fez o Ministro Carlos Brito, que o direito à moradia, por constituir uma necessidade vital, é indisponível. Neste sentido, entretanto, ousamos discordar do eminente Ministro, uma vez que comungamos do posicionamento de que mesmos direitos fundamentais podem, em certa medida, ser renunciados.

Assim, podemos afirmar que na área da jurisprudência do Supremo Tribunal Federal brasileiro, a temática da eficácia dos direitos fundamentais se faz presente e, de uma maneira geral, no sentido de uma eficácia direta e imediata, mesmo em relação aos direitos sociais, recorrendo a proporcionalidade como forma de solução.

2.5. Tomada de posição: por uma eficácia *prima facie* direta dos direitos fundamentais nas relações entre particulares

Após expormos, desde aqueles que negam uma vinculação dos particulares a direitos fundamentais, passando por uma eficácia mediata pela atuação do legislador, até a eficácia imediata e direta, resta-nos agora tomarmos uma posição, não apenas como mecanismo de concluir a pesquisa que até então foi desenvolvida, o que talvez fosse suficiente, como também, pois, é a partir desta tomada de posição pessoal que desenvolveremos a terceira e última parte deste trabalho.

Dentre as diversas colocações, críticas e matizes apresentadas nos posicionamos, como em diversos momentos mencionamos quer expressa, quer implicitamente, pela eficácia dos direitos fundamentais nas relação entre particulares. No que diz com a opção pelo "como" não nos parece haver outra que não a de, na dicção de Sarlet, superar a "alternativa eficácia direta ou indireta por uma metódica reciprocamente complementar e diferenciada, a partir de uma eficácia direta *prima facie* dos direitos fundamentais também nas relações entre particulares".[358]

Ou seja, ao reconhecermos uma eficácia direta e imediata dos direitos fundamentais nas relações firmadas entre particulares, não a atribuímos um caráter absoluto, até mesmo porque, conforme ad-

---

[358] SARLET, Ingo Wolfgang. Direitos fundamentais sociais, mínimo existencial e direito privado. In: SARMENTO, Daniel; GALDINO, Flávio (Org.) *Estudos em homenagem ao Prof. Ricardo Lobo Torres*. São Paulo: Renovar, 2006a, p.

vertido por Canotilho, a casuística é tamanha que qualquer opção (por uma ou outra teoria) adotada de forma absoluta está fadada ao insucesso, pelo menos no que diz com a dimensão prática da questão, aqui, no sentido de contrária a construções meramente teóricas.[359]

Assevera Ubillos a respeito da falsa dicotomia estabelecida entre a eficácia mediata e imediata, como se estas fossem excludentes, gerando, assim "um malentendido perturbador". Segundo este autor, ao admitir-se a eficácia imediata em determinados casos, não implica em negar ou mesmo subestimar a eficácia através da lei.[360]

A opção por tal posicionamento justifica-se com base no compromisso e na premissa de que a Constituição é o ápice do sistema, devendo todos a ela respeito, inclusive, no que diz com o respeito à autonomia privada e à garantia da separação dos poderes. Logo, se por um lado é função típica e primordial do Legislativo dispor sobre a composição dos conflitos no âmbito do direito privado,[361] isto não significa dizer que ao Poder Judiciário está vedada a interferência.

Além disso, assevera Sarlet que a função precípua do legislador em promover e realizar os direitos fundamentais e de equacionar os conflitos entre esses direitos no âmbito das relações entre privados não se confunde com o fato de os particulares estarem vinculados a direitos fundamentais.[362]

A participação do Poder Judiciário, portanto, será verificada, isso é verdade, não apenas através da interpretação e densificação das cláusulas gerais e conceitos indeterminados à luz do texto constitucional, como também nos casos em que não houver lei ou, havendo, a mesma importar em violação de direito fundamental,[363] ainda que em um caso específico.

Para tanto, deverá o Poder Judiciário fazer uso do princípio da proporcionalidade, inclusive na sua dimensão de proibição de excesso e proibição de insuficiência o que nos conduz aos deveres de proteção do Estado, entendido este não como uma manifestação da

---

[359] CANOTILHO, 2002.
[360] BILBAO UBILLOS, 2006, p. 301-340.
[361] MAC CRORIE, 2005, p. 91.
[362] SARLET, 2000, p. 54-104.
[363] SARLET, 2006a.

existência da eficácia dos direitos fundamentais somente em relação ao Estado, mas sim, de acordo com o já trabalhado anteriormente, como uma manifestação da eficácia direta e imediata existindo, nas palavras de Sarlet, "uma inequívoca zona de confluência".[364] Assim, e nas palavras de Mac Crorie: "O reconhecimento de que o Estado tem o dever de proteger os particulares de lesões e ameaças aos seus direitos fundamentais não apresenta qualquer incompatibilidade ou contradição com a idéia de vinculação imediata".[365]

A posição por uma eficácia direita e imediata, pelo menos *prima facie*, é reforçada e comprovada, no que diz com o ordenamento jurídico constitucional brasileiro e a partir do art. 5°, § 1°, da Constituição Federal de 1988, que reza serem as normas definidoras de direitos fundamentais dotadas de aplicabilidade imediata, conforme já referido em outro momento neste trabalho. Conjugando-se tal dispositivo com a idéia de maximização dos direitos fundamentais pode-se afirmar, na esteira de Sarlet[366] e adotado por Sarmento, que a Constituição "exige o reconhecimento de uma eficácia direta e imediata dos direitos fundamentais na esfera privada".[367]

2.6. A eficácia dos direitos fundamentais sociais nas relações entre particulares

2.6.1. Um olhar sobre os posicionamentos na doutrina a respeito da eficácia dos direitos fundamentais sociais nas relações entre particulares

Depois de verificado o conteúdo e significado dos direitos sociais com ênfase no direito à saúde, concluindo que se trata de direito fundamental social, analisamos as diversas teorias que tratam a respeito da vinculação dos particulares a direitos fundamentais de forma geral e firmamos nosso posicionamento a favor de uma eficácia direta *prima facie*, na esteira do sustentado por Sarlet. Feito isso, passamos agora a analisar a possibilidade de vinculação dos particulares a direitos fundamentais sociais, e, após, verificar a sua aplicação no direito à saúde. A justificativa deste recorte reside no

---

[364] SARLET, 2006a.
[365] MAC CRORIE, 2005, p. 91.
[366] SARLET, 2000.
[367] SARMENTO, 2004, p. 289.

Direitos Fundamentais Sociais e Relações Privadas

vasto campo de possibilidade de serem verificadas no que diz com os outros direitos sociais, podendo-se até mesmo afirmar que cada um deles, individualmente, comporta diversas variações possíveis de resultarem, cada uma, numa nova dissertação. Assim, frente à diversidade de soluções tópicas possíveis, nos restringiremos, tãosomente, ao direito à saúde.

Como já visto, a problemática da eficácia dos direitos fundamentais nas relações entre particulares ocupa-se, majoritariamente, dos direitos de liberdade, até mesmo porque, conforme já registrado, há certa resistência em atribuir as mesmas prerrogativas de fundamentalidade aos direitos sociais, mesmo no Brasil, onde sua atribuição é expressa, situação esta que já foi por nós refutada na primeira parte deste trabalho. Desta forma, repisa-se, é pelo prisma da fundamentalidade que analisaremos os direitos sociais, tentando demonstrar que, apesar de características próprias, a eficácia *prima facie* direta e imediata também é aplicável a estes.

Conforme apontado por Sarmento, a defesa de uma vinculatividade direta e imediata até pode soar como um discurso tentador, progressista,[368] entretanto, os problemas e a complexidade se avultam. Por outro lado, sustenta Steimnetz que não há como obrigar o particular a, por exemplo, pagar tratamento médico para outro particular. Em que pese a tentação de optar tanto por uma quando por outra posição, algumas matizações são necessárias.

Para Canotilho, há eficácia dos direitos fundamentais sociais nas relações privadas. Baseia-se o autor na indiscutível relação do núcleo dos direitos fundamentais sociais com a dignidade da pessoa humana. Mencionado autor parte da análise do art. 18° da CF portuguesa aduzindo que o mesmo parece limitar a "eficácia horizontal" (que aqui estamos tratando como vinculação dos particulares a direitos fundamentais pelas razões já explicitadas anteriormente) aos direitos, liberdades e garantias; no que diz com os direitos sociais a vinculação seria, tão-somente, indireta, ou seja, impondo ao legislador o dever de "actração das normas sociais" segundo direitos fundamentais sociais, e a obrigação do Judiciário de interpretar a lei conforme os direitos fundamentais sociais.[369]

---

[368] SARMENTO, 2004, p. 332.
[369] CANOTILHO, 2002, p. 481.

Segundo Sarmento, para compreendermos a questão, é necessário analisarmos a ligação entre a eficácia dos direitos sociais nas relações privadas com o princípio da solidariedade.[370] Não obstante termos sustentado que a solidariedade é um dos pilares da vinculação dos particulares a direitos fundamentais, o mesmo talvez se mostre mais necessário e aparente no âmbito dos direitos sociais.

Para Sarmento, "ao lado do dever primário do Estado de garantir os direitos sociais, é possível também visualizar um dever secundário da sociedade em assegurá-los".[371] Primeiro porque o privado não está isento da incidência dos valores constitucionais, conforme já verificamos na parte que trata especificamente desta vinculação. Além disso, um dos objetivos da República Federativa do Brasil é exatamente construir uma sociedade justa, livre e solidária. No mínimo, os direitos sociais se prestariam a fundamentar normas que imponham limitações à autonomia privada ou criem obrigações positivas. Assim, para Sarmento há possibilidade de atribuir-se um direito subjetivo positivo ao particular frente a outro particular, por meio destas normas.

Tratando a respeito da dimensão positiva/prestacional dos direitos fundamentais sociais, segundo Sarmento, o problema será maior, entretanto, expressamente menciona que esta hipótese não pode ser descartada. "[...] na nossa opinião, é possível postular, em certos casos, a existência de uma eficácia horizontal direta e imediata da dimensão prestacional dos direitos sociais na ordem jurídica nacional".[372] Para tanto, deve-se levar em consideração a "ligação existente entre as partes da relação jurídico-privada em questão." Ademais, necessária se faz uma distinção entre os direitos originários e os derivados, sendo, segundo o autor, em princípio, excluída a possibilidade de extração de um direito subjetivo prestacional dos direitos derivados, muito embora vinculem de forma negativa.

Assim, questiona-se se já não é tão simples admitir-se a possibilidade de um particular reclamar perante o Estado alguma prestação material, imagine-se quando o sujeito passivo desta relação passe a ser o particular. Seria ele obrigado a fornecer medicamentos, por exemplo? Não estariam já os particulares garantindo tais direitos

---

[370] SARMENTO, 2004, p. 332.

[371] Ibid., p. 337.

[372] SARMENTO, 2004, p. 344.

através do pagamento de seus tributos, cabendo ao Estado, portanto, a realização destes direitos?

Nas palavras do próprio autor e referindo-se ao objeto que ora centramos nossa atenção,

[...] a dimensão defensiva do direito à saúde liga-se à obrigação de não adoção de qualquer comportamento que possa lesar ou ameaçar a saúde do seu titular. Já a dimensão prestacional corresponde a deveres comissivos atribuídos ao pólo passivo da relação jusfundamental.[373]

Não obstante Alexy defina os direitos sociais como aqueles direitos a prestações em sentido estrito perante o Estado com vista a adquirir algo que por seus próprios meios não consegue, já nos manifestamos no sentido de que os direitos sociais comportam ambas dimensões, seja positiva, seja negativa, e é com base nesta noção que iremos aqui trabalhar. Assim, o argumento, utilizado por Steinmetz,[374] de que não há como se falar em obrigações positivas perante particulares dado o conceito de direitos sociais, resta afastado, pelo menos naquilo que poderia ser uma refutação da possibilidade, em si, de vinculação nesta dimensão. Note-se que em linhas posteriores, mencionado autor afirma que, à luz das disposições constitucionais brasileiras não há como se afirmar peremptoriamente que todos os direitos sociais estão excluídos à vinculação dos particulares.

Entretanto, neste aspecto, está se referindo aos direitos trabalhistas que, por sua própria natureza, são direcionados às relações entre particulares. Assim, conclui o autor que "os particulares *não estão obrigados*, ante o direito fundamental social à saúde a [...] nem a pagar tratamentos médicos para outros particulares".[375] Pergunta-se: será que sempre e sempre é assim?

Para Sarlet, não há como e porque afastar-se, *a priori*, a vinculação dos particulares a direitos fundamentais sociais, mesmo no que diz com a sua dimensão prestacional. Todavia, aduz mencionado autor, o que desde já manifestamos nossa concordância, que no que diz com o direito subjetivo a prestações sociais é necessário atuar com cautela e utilizar-se um "rigoroso controle no que diz com os critérios que presidem a solução de conflitos de direitos".[376] O que,

---

[373] SARMENTO, 2004, p. 335.
[374] STEINMETZ, 2004, p. 277, p. 279.
[375] Ibid., p. 279.
[376] SARLET, 2006a.

registre-se, de forma similar, também deve ser realizado no âmbito dos direitos fundamentais em geral.

Verifica-se, portanto, ser necessário que a análise da vinculação dos particulares leve em consideração a dimensão do direito que está sendo avaliada e, no caso da positiva, a ligação existente entre as partes e o impacto econômico desta possível vinculação. Ressalte-se, como já dito alhures, que os direitos possuem dimensões positivas e negativas, não devendo permanecer a divisão, pelas razões já expostas, de que os direitos sociais são direitos a prestações e os de liberdade, direitos de defesa.

2.6.2. Eficácia do direito fundamental à saúde nas relações entre particulares

2.6.2.1. Introdução

Vimos nas linhas anteriores que o direito à saúde envolve a garantia de o homem gozar de uma vida saudável mental, física e psiquicamente, trata-se, portanto de um dos mecanismos, mas indispensável, à garantia da dignidade da pessoa humana, que é um dos fundamentos da República Federativa do Brasil.

Assegurado em nossa Constituição enquanto direito fundamental social está sob a égide das mesmas garantias e prerrogativas que os demais direitos fundamentais.[377] Ou seja, servem como parâmetro interpretativo, estabelecem uma obrigação para os poderes públicos e para os particulares no sentido de sua realização, em que pese de formas e medidas diferentes, eivam de inconstitucionalidade normas que venham a dispor contrariamente ao seu dispositivo, o que não poderia ser diferente, pois o § 1º do art. 5º assegura a imediata aplicabilidade dos direitos fundamentais. Em outras palavras, o direito à saúde é direito sindicável e, é sob esta premissa que a analisaremos.

O problema mais angustiante reside, entretanto, no que diz com a obrigação ou não dos particulares em suas relações serem obrigados a tanto. Conforme já visto, pelo menos em regra, questão é menos polêmica quando estamos tratando de um não-fazer e, em

---

[377] KRELL, 2002, p. 20. Neste momento, o autor atribui aplicabilidade imediata aos direitos sociais.

Direitos Fundamentais Sociais e Relações Privadas

contrapartida, muito polêmica (e talvez por isso muito pouco enfrentada pela doutrina, salvo raras exceções), o que gera até mesmo a negativa, a de compelir o particular a uma obrigação positiva mesmo quando esta extrapola os limites estabelecidos nos contratos ou mais, mesmo quando não existe contrato.

Não obstante admitirmos que na dimensão negativa do direito à saúde a mesma ofereça menos empecilhos do que a dimensão positiva, isto não significa que nos furtaremos a analisá-la, pelo contrário, há item específico tratando a respeito da mesma.

Tais questionamentos são de suma importância, uma vez que o direito à saúde, como direito fundamental, reclama aplicabilidade direta, imediata e eficácia plena tanto em sua dimensão positiva quanto negativa (pelo menos nos termos da Constituição brasileira),[378] não estabelecendo o constituinte originário, pelo menos não expressamente, limitações a esta aplicação no âmbito das relações entre particulares, pelo contrário, a teor do art. 194 da CFB é através de um conjunto integrado de ações de iniciativa dos Poderes Públicos e da sociedade que será assegurado o direito à saúde.

2.6.2.2. *Planos de saúde e retrocesso social*

Conforme vimos, a proibição de retrocesso é manifestação da necessária segurança jurídica, tendo, como efeitos, as cláusulas pétreas, a impossibilidade de supressão de leis infraconstitucionais que concedam eficácia plena a dispositivos constitucionais, dentre outras já mencionadas no capítulo 2.3.4. Com efeito, não obstante o clássico entendimento referente à proibição de retrocesso, cremos ser possível, já que fruto da garantia constitucional da segurança jurídica, que este princípio atinja e vincule os particulares quando, da mesma forma, implicar conferir eficácia a dispositivos constitucionais, notadamente o direito à saúde, que é obrigação do Estado e *da sociedade*.

Neste sentido, entendemos ser possível, por exemplo, que com base na proibição de retrocesso e na garantia do direito à saúde, apesar de reconhecermos que não só, já que há outros direitos que podem vir a robustecer esta garantia, planos de saúde diminuam

---

[378] SCHWARTZ, 2004, p. 129.

benefícios sem que haja uma real e efetiva necessidade para tanto (admitimos a possibilidade de relativização, já que os direitos não são absolutos) tenham sua atitude declarada abusiva. Mais, mesmo o "retrocesso indireto", ou seja, o aumento discrepante da contraprestação do usuário sem que se haja o correlativo benefício, pode encaixar-se também nesta possibilidade.

O fato não é novo, pelo contrário, há uma série de decisões neste sentido, mas não com essa nomenclatura e, talvez, não com essa amplitude. Não obstante alguns possam sustentar ser tal colocação desprovida de efeitos práticos, ousamos discordar. É exatamente o reconhecimento e aplicação da Constituição que a fortalece, ou seja, deve-se constitucionalizar o direito, e não legalizar a Constituição.[379]

A título exemplificativo da situação acima abordada,

APELAÇÃO CÍVEL. SEGUROS. PLANO DE SAÚDE. REVISÃO DE CONTRATO. CLÁUSULA QUE PREVÊ AUMENTO DE 100% DA MENSALIDADE AO ATINGIR A FAIXA ETÁRIA DE 60 ANOS. LIMITAÇÃO EM 20%. DIÁLOGO DE FONTES: CDC, LEI DOS PLANOS DE SAÚDE E ESTATUTO DO IDOSO. ÍNDICE DE CORREÇÃO A SER APLICADO QUANTO AO PERÍODO DE 2002 A 2003. IGP-M. I – Majoração em razão do implemento da idade. Mostra-se abusiva a cláusula que prevê o reajuste da contraprestação em 100% em razão do implemento da idade de 60 anos. Limitação da majoração em 20%, reconhecido o diálogo estabelecido entre as seguintes fontes: CDC e Leis nºs 9.656/1998 e 10.741/2003. Lições de doutrina. II – Atualização dos prêmios mensais com base na variação monetária do período de 2002 e 2003. Aplicação do IGP-M como fator de correção, por ser previsto contratualmente e por tratar-se de índice que reflete adequadamente a perda do poder aquisitivo da moeda. Apelação da autora parcialmente provida. Desprovida a da ré.[380]

Neste caso, verifica-se que a decisão tomou como base o Código de Defesa do Consumidor, o Estatuto do Idoso e a Lei dos Planos de Saúde estabelecendo um "diálogo de fontes" entre leis infraconstitucionais não mencionado, nem mesmo no inteiro teor do acórdão o direito fundamental à saúde. Não obstante não ter sido necessário recorrer-se expressamente, neste caso, à Constituição, pela existência de lei regulamentando a matéria e contemplando uma cláusula geral (nulidade de cláusulas abusivas) isto não leva irremediavel-

---

[379] Romeu Bacelar em aula ministrada no curso de especialização em direito público na PUCRS, em 16/10/06

[380] RIO GRANDE DO SUL. Tribunal de Justiça. Sexta Câmara Cível. Apelação Cível nº 70012183521. Relator: Ubirajara Mach de Oliveira. Julgado em: 14 set. 2005.

mente à conclusão de que estamos perante a eficácia indireta do direito fundamental à saúde. Pelo contrário, conforme vimos tentando demonstrar, a existência de leis infraconstitucionais, cláusulas gerais, conceitos indeterminados, etc. são exatamente a manifestação de que há eficácia direta dos direitos fundamentais nas relações interprivadas, e não apenas relativamente ao Poder Legislativo.

O mesmo pode-se afirmar relativamente ao necessário recurso ao Poder Judiciário, ou seja, o mesmo realiza uma interpretação com vista a garantia da saúde (dentre outros direitos) não apenas porque faz parte da estrutura estatal, e sim, porque há eficácia destes direitos também relativamente aos particulares devendo realizar o Poder Judiciário seu "dever de proteção".

Por outro lado, verificam-se ainda, outras duas características que poderiam levar à falaciosa conclusão de que o que há é uma eficácia direta somente, pois há poderes privados e por meio da *public function*.

Quanto ao poder privado, de fato é manifesto que entre o particular e o plano de saúde há uma forte relação de poder estabelecida, não apenas de natureza econômica, mas também técnica. O que, todavia, não tem como conseqüência direta e necessária a afirmação de que, neste caso há eficácia direta em função desta relação de poder. O que se pode afirmar é que haverá uma maior intensidade de intervenção do direito fundamental à saúde.

Por fim, os Planos de Saúde podem, pelo menos de certa maneira, ser equiparados aos serviços de Saúde prestados pelo Estado até mesmo pela forte fiscalização que há sobre estes, em especial após a criação da Agência Nacional de Saúde (ANS). Entretanto, conforme já visto, não é o fato de o Estado prestar também determinado serviço ou o mesmo ser público que justifica a utilização da *public function theory* e sim a atribuição, quase que natural da mesma ao Estado.

2.6.2.3. Planos de saúde e o mínimo existencial

No item referente à fundamentalidade dos direitos sociais, tivemos a oportunidade de tecer algumas considerações a respeito do mínimo existencial, verificando que a sua realização e até mesmo a sua definição depende das possibilidades fáticas e jurídicas de cada situação. Considerações estas que, neste momento, serão retomadas e aprofundadas pelo menos no que guarda vinculação com o que ora iremos tratar: o mínimo existencial como parte necessária dos "contratos-padrão" dos planos de saúde.[381]

A Lei que regulamenta os contratos-padrão é a de n° 9.656/98 e estabelece três modalidades: plano–referência, plano-mínimo e plano-ampliado. O primeiro é de oferta obrigatória aos consumidores;[382] o segundo, facultativo, contempla a possibilidade de cumulação de quatro modelos que podem ser oferecidos isoladamente (atendimento ambulatorial, internação hospitalar, atendimento obstétrico, atendimento odontológico); o terceiro e último oferece uma cobertura mais completa e acomodações mais confortáveis.[383] Dessa forma, tem o consumidor a possibilidade de optar, no mínimo, por três modalidades de plano de saúde.

Antes do advento da Lei 9.656/98, o Tribunal do Estado de São Paulo posicionou-se no sentido de ser admissível a exclusão de tratamento para a AIDS por tal limitação estar expressamente disposta no contrato, não importando em afronta ao Código de Defesa do Consumidor e ao Código Civil, e que o Plano de Saúde não podia ser responsabilizado pelas deficiências na prestação do serviço pelo Estado, sendo este o responsável "de prestar ilimitada assistência à saúde".

Destarte, os planos de saúde são uma alternativa colocada à disposição da população para ver garantido o seu direito fundamen-

---

[381] Entretanto, note-se que a população de baixa renda continua utilizando-se do SUS, sendo poucos os que possuem plano de saúde. Segundo pesquisa realizada pelo IBGE em 1999, quanto maior a renda, maior a proporção de pessoas com planos de saúde. Entretanto, pessoas com renda acima de 20 salários mínimos tendem a diminuir a proporção das que detêm planos de saúde, pelo fato de os gastos com saúde poderem ser descontados do IR. (COSTA, Nilson do Rosário; CASTRO, Antônio Joaquim Werneck de. O regime regulatório e a estrutura do mercado de planos de assistência à saúde no Brasil. *Regulação e Saúde*, Rio de janeiro, v. 3, p. 49-64, 2004).

[382] "São todas as coberturas ambulatoriais (atendimento em consultórios, consultas em número ilimitado, etc.) somadas às previstas para os planos hospitalares, e hospitalares com obstetrícia. Todas as doenças listadas pela OMS estão cobertas no Plano Referência, assim como todos os exames e tratamentos listados no Rol de Procedimentos publicado pela ANS. A acomodação hospitalar é em padrão enfermaria" http://www.ans.gov.br/portal/site/duvidas/index.asp?secao=Consumidor&perfil=1&topico=1627&subtopico=7655 acesso em 08 de agosto de 2007

[383] NUNES, Luiz Antônio Rizzato. *Cometários à lei de Plano Privado de Assistência à saúde*. 2 .ed. São Paulo: Saraiva, 2000, p. 5.

tal à saúde, existindo farta regulamentação no sentido de realização, na maior medida possível, deste direito.

Como já acentuou Marques,

O objeto principal destes contratos é a transferência (onerosa e contratual) de riscos referentes a futura necessidade de assistência médica ou hospitalar. A efetiva cobertura (reembolso, no caso dos seguros de reembolso) dos riscos futuros à sua saúde e de seus dependentes, a adequada prestação direta ou indireta dos serviços de assistência médica (no caso dos seguros de pré-pagamento ou de planos de saúde semelhantes) é o que objetivam os consumidores que contratam com estas empresas. Para atingir este objetivo os consumidores manterão relações de convivência e dependência com os fornecedores desses serviços de saúde por anos, pagando mensalmente suas contribuições, seguindo as instruções (por vezes, exigentes e burocráticas) regulamentadoras dos fornecedores, usufruindo ou não dos serviços, a depender da ocorrência ou não do evento danoso à saúde do consumidor e seus dependentes (consumidores-equiparados).[384]

Conforme Alves da Silva, "[...] o fulcro do maior objetivo desejado pelo cliente ao subscrever um plano de saúde: a segurança de ter acesso aos serviços de saúde. [...]".[385]

Interessante observar que o principal argumento aduzido pela operadora de Plano de Saúde e acolhido, à época, pelo Tribunal de Justiça de São Paulo é que foi livremente pactuado, sendo aceita a exclusão e que a cobertura sem contraprestação prejudicaria aqueles que escolheram e pagaram por um plano mais completo. Pergunta-se: Será que é possível que se prejudique o contratante baseando-se em uma argumentação que sabidamente discrepa do que se verifica no mundo dos fatos? Será que o contratante efetivamente pactuou livremente? Será que o argumento do prejuízo dos outros se verifica? Será que o plano de saúde não está vinculado diretamente à Constituição e ao direito fundamental à saúde?

Assim, cremos que, pelo menos, deve-se pensar mais a respeito do assunto. Note-se, não se está aqui a falar de tratamentos experimentais, melhor hospital, tecnologia de ponta, etc. E sim do mínimo necessário, no caso concreto, para garantir a vida da pessoa

---

[384] MARQUES, Cláudia Lima. Conflitos de leis no tempo e direito adquirido dos consumidores de planos de saúde e seguros de saúde. In: *Saúde e responsabilidade: seguros e planos de assistência privada à saúde*. São Paulo: Revista dos Tribunais, 1999, p. 124.

[385] SILVA, Alceu Alves da. A relação entre as operadoras do plano de saúde e os prestadores de serviços: o novo relacionamento estratégico. *Regulação e Saúde*, Rio de Janeiro, v. 3, n. 2, p. 104-175, 2004.

que pagou pelo plano de saúde, acreditando que assim sua saúde estaria garantida.[386] Muito embora não tenha adquirido um plano mais completo, outros o fizeram e não vão utilizá-lo. Não poderia aqui residir a solidariedade?

Talvez tenha sido com essa preocupação e com base em diversas decisões obrigando os Planos de Saúde a determinadas coberturas que se previu, por meio da mencionada Lei 9.656/98 um plano que obrigatoriamente deve ser oferecido, estabelecendo quais as hipóteses que podem ser excluídas. Ao lermos o artigo, cremos que andou bem o legislador, pois o plano-referência, de oferta obrigatória,[387] estabelece a garantia necessária para a segurança do mínimo existencial por conta da empresa, possibilitando, por outro lado, planos mais e menos completos. No caso de opção por um plano diferenciado, deve o consumidor manifestar expressamente por meio de declaração escrita que o plano de referência lhe foi oferecido.[388]

Embora possa parecer contraditório com a garantia do mínimo existencial a possibilidade de contratação de um Plano de Saúde menos completo, como por exemplo, plano de atendimento ambulatorial que não inclui, portanto, internação hospitalar (salvo casos de emergência e urgência), não o é. Como a saúde é garantida tanto pelo Estado quanto pela sociedade, é possível, em respeito a autonomia de vontade, que parte seja prestada pelo Plano de Saúde, e parte pelo Estado.[389]

Por outro lado, no caso de o indivíduo possuir Plano de Saúde com cobertura hospitalar e ainda assim recorrer ao Sistema Único de Saúde, a Lei 9.656/98 prevê o ressarcimento a este, cobrado com base na TUNEP – Tabela Única Nacional de Equivalência de Procedimentos –, fazendo com que aqueles que dispõem de condições para contratação de Assistência à Saúde privada não gastem recur-

---

[386] Um dos maiores problemas enfrentados, no que diz com os planos de saúde, é a assimetria de informação. Os pacientes "não detém informações suficientes para julgar a qualidade da decisão do profissional [...] Os médicos e hospitais detém controle sobre informações e sobre oferta de serviços que, em muitos casos, impedem a efetividade da competição para diminuir preços e premiar qualidade de condutas." (COSTA; CASTRO, 2003, p. 49-64).

[387] Exceto para as empresas de autogestão. Art. 10, § 3° da Lei 9656/98

[388] Interpretação do art. 10, § 2°, da Lei 9656/98

[389] "[...] a expansão da universalização pelo SUS foi acompanhada de mecanismos de racionamento (queda na qualidade dos serviços, filas, etc.) que expulsaram do sistema público os segmentos da classe média". FAVERET; OLIVEIRA. A universalização excludente. *Revista Dados*, n. 33, 1990. apud COSTA, CASTRO, 2003, p. 49-64.

sos, que embora tenham o caráter de universalidade, são escassos e tão caros aos mais desprovidos.

Não estamos com isso querendo dizer que está afastada a possibilidade de, por meio de recurso ao Poder Judiciário, afastar, no caso concreto, determinada exclusão por entender que, naquela situação, a proteção do legislador se mostrou insuficiente para garantir o mínimo de saúde, por exemplo, dentre outras possibilidades que a vasta casuística pode nos oferecer. Nestes casos, mostra-se, mais uma vez cabível, a utilização garantia do mínimo existencial como critério material para a aplicação do direito fundamental social à saúde no âmbito das relações entre particulares.[390]

Assim,

> Mesmo para aqueles (pelo menos para um expressivo número destes) que de modo geral questionam uma eficácia direta dos direitos fundamentais nas relações entre privados, o núcleo essencial dos direitos fundamentais, e, com maior razão ainda, o seu conteúdo em dignidade da pessoa humana (que é reconhecida a cada um e a todos) vincula inclusive diretamente, prevalecendo, se for o caso, sob prévias opções legislativas e políticas.[391]

Mesmo após a Lei 9.656/98, que, presume-se, se encontra abstratamente de acordo com os ditames constitucionais, sendo permeada por cláusulas gerais e conceitos indeterminados que possibilitam maior maleabilidade para adequar situações específicas ao texto constitucional o que, conforme já mencionado, não resta afastada a eficácia direta dos direitos fundamentais nas relações entre privados, pelo contrário, pelo menos a partir do conteúdo que atribuímos a mesma, a confirma.

Neste sentido, e propondo uma leitura divergente daquela que majoritariamente se encontra no STJ, bem como àquela manifestada pelo TJSP (ainda que anterior a Lei 9.656/98) a respeito da interpretação das cláusulas dos planos de saúde,[392] posicionou-se, em voto vencido, a Ministra Nancy Andrighi no Recurso Especial n° 319.707 – SP, assim ementado:

> CÓDIGO DE DEFESA DO CONSUMIDOR. PLANO DE SAÚDE. LIMITAÇÃO DE DIREITOS. ADMISSIBILIDADE. Os contratos de adesão são permitidos em lei. O

---

[390] SARLET, 2006a.

[391] Ibid.

[392] Note-se que a limitação a interpretação de cláusulas contratuais é matéria sumulada no STJ sendo esta decisão um caso isolado.

Código de Defesa do Consumidor impõe, tão-somente, que "as cláusulas que implicarem limitação de direito do consumidor deverão ser redigidas com destaque, permitindo sua imediata e fácil compreensão."Destarte, ainda que se deva, em princípio, dar interpretação favorável ao adquirente de plano de saúde, não há como impor-se responsabilidade por cobertura que, por cláusula expressa e de fácil verificação, tenha sido excluída do contrato. Recurso não conhecido, com ressalvas quanto à terminologia.

Sustentou a Ministra a impossibilidade de exclusão, *a priori* de cobertura de determinado procedimento médico quando este for indispensável à garantia da saúde no caso concreto, fundamentando-se que tal disposição atenta contra o objeto do contrato que é exatamente a garantia do direito à saúde.

Aduz a Ministra:

Existem, portanto, direitos subjetivos, de parte a parte: de um lado o direito à saúde, garantida pela assunção dos riscos pela seguradora, e, de outro, o direito ao lucro através da manutenção do equilíbrio econômico do contrato. Ambos devem ser sopesados, para que se lhes possa garantir efetividade, observada a relevância de cada um para o ordenamento jurídico e para a sociedade. A saúde é direito constitucionalmente assegurado. Está entre aqueles de maior importância para o ser humano, individualmente, e para a sociedade. Desse modo é que a Carta Magna dispõe ser dever do Estado a prestação dos serviços necessários à garantia da saúde. A assistência à saúde é permitida à iniciativa privada, que pode explorá-la com objetivo de lucro, porém, oferecendo-se, em contra-partida, serviço adequado, de qualidade, que assegure a saúde daquele que contrata o serviço, mantendo-se o respeito ao direito, nos moldes constitucionais

Não obstante este posicionamento seja isolado no âmbito do STJ, ecoam vozes contrárias, como já pudemos perceber dos excertos do voto da Ministra Andrighi. Também no que diz com o Ministério Público Federal, as manifestações fazem coro com as da Ministra:

A disciplina constitucional não deixa dúvidas sobre a natureza dos serviços e ações de saúde: serviço de relevância pública, quer seja prestado diretamente pelo Estado ou através de terceiros, incluída a iniciativa privada. Portanto, as empresas privadas que se dispõem a atuar nas áreas de saúde, têm sua liberdade negocial afetada em função de seu objeto. Por questão de ordem pública, de proteção mínima deve ser assegurada: o contrato de seguro-saúde ou de prestação de serviços médico-hospitalares não deve comportar cláusulas de exclusão de patologias, porque a saúde não é um bem fracionável.[393]

---

[393] de Inquérito Civil Público que tramitou no Ministério Público Federal sobre planos de saúde: (SARRUBO, Mariângela. A saúde na Constituição Federal e o contexto para recepção da Lei 9.656/98. In: *Saúde e responsabilidade: seguros e planos de assistência privada à saúde*. São Paulo, Revista dos Tribunais, 1999, p. 18-19).

Note-se que em sua argumentação não recorreu a Ministra a teoria dos Poderes Privados para justificar seu posicionamento, aplicando, diretamente o direito à saúde no caso *sub judice*, por entender estar ameaçado o mínimo existencial.

Destarte, através da interpretação dos dispositivos contratuais e da legislação infraconstitucional à luz do direito fundamental social à saúde é possível a extração de uma gama variada de posicionamentos não necessariamente incorretos somente por serem opostos.

Assim, a garantia do mínimo existencial é, primeiramente, obrigação do Estado. Entretanto, ao firmar-se contrato com o Plano de Saúde este deve, respeitando a autonomia de vontade, ser interpretado à luz do direito fundamental à saúde com ou sem o recurso às cláusulas gerais e conceitos indeterminados. Para tanto, deve recorrer-se ao princípio da proporcionalidade tanto na sua manifestação como proibição de excesso, quanto proibição de insuficiência.

Desta forma, podemos afirmar que o legislador, ao confeccionar a lei, pelo menos no que diz com o caso que ora trazemos à baila, infringiu o princípio da proporcionalidade no seu viés de proibição de insuficiência. Porquanto a limitação, exclusão de determinados procedimentos, apesar de autorizados pela legislação infraconstitucional, mostrou-se afrontosa ao mínimo existencial da parte postulante, devendo o Poder Judiciário, não em função da eficácia dos direitos fundamentais sobre o mesmo, mas sim pela eficácia direta destes nas relações entre particulares, acrescida do poderio dos planos de saúde e das cláusulas de abertura existentes no CDC, proferir decisão no sentido de garantia do procedimento pactualmente excluído.

2.6.2.4. Direito à saúde, família e obrigação de fazer

Descrição do caso: Determinada pessoa quer saber se é ou não filho de "A". Para tanto, há, atualmente, a possibilidade de recorrer-se ao exame de DNA que, cruzando as cargas genéticas chega-se a um percentual altíssimo de probabilidade. Entretanto, o suposto pai recusa-se à extração de sangue – necessário ao exame – alegando, dentre outras coisas, que o procedimento é uma afronta à sua intimidade/integridade física. Neste caso, dentre as possíveis matizações existentes, pode-se afirmar que há uma colisão entre a saúde do filho e a intimidade do suposto pai, do qual se exige um fazer por parte do segundo para a satisfação do direito do primeiro.

Ratifica-se, mais uma vez, que a saúde está sendo tomada em sentido lato. Assim, o filho pode querer saber suas origens, e aí encaixar-se na noção de saúde como bem-estar mental, ou, simplesmente, conhecer sua história genética "pois os dados da ciência atual apontam para a necessidade de cada indivíduo saber a história de saúde de seus parentes biológicos próximos para a prevenção da própria vida.",[394] ou seja, não busca necessariamente o reconhecimento do vínculo de filiação.[395] Por outro lado, o suposto pai quer garantir sua intimidade. Verifica-se, assim, um conflito de direitos fundamentais em que não há norma infraconstitucional regulamentando a situação (pelo menos não até o advento do Código Civil de 2002, que em seu art. 232 autorizou ao juiz a tomar a recusa como indício) e que deve ser solucionado.

A solução apresentada pela doutrina/jurisprudência e, posteriormente incorporada ao Código Civil, no que diz com o estado de filiação e garantia da pensão alimentícia (cujo conteúdo comporta o direito à saúde) foi a de, respeitando a integridade física do suposto pai e a sua intimidade, interpretar sua negativa como um indício a ser considerado no contexto probatório.

Pode-se afirmar que houve, pelo menos no que diz com o reconhecimento da paternidade, uma vinculação direta e imediata do direito à saúde (dentro outros e, no caso, talvez até mais valorosos) numa relação entre particulares, optando-se, por força do ônus argumentativo, por uma determinada solução que hoje, faz parte da legislação infraconstitucional, em que se requeria de uma pessoa uma prestação positiva, um "fazer" manifestado através da extração do sangue.

---

[394] DIDIER JÚNIOR, Fredie. A recusa da parte a submeter-se a exame médico: o art. 232 do Código Civil e o enunciado 301 da súmula da jurisprudência predominante do Superior Tribunal de Justiça. *Revista de Direito Privado*, São Paulo, n. 25, p. 177-180, jan./mar. 2006.

[395] Estamos, aqui, estabelecendo uma diferenciação, ainda não totalmente aceita pela doutrina e jurisprudência, de que uma coisa é ser "filho" geneticamente falando, outra é o "vínculo de filiação" que se estabelece através das relações afetivas, mais do que a genética. Não estamos, entretanto, com isso querendo dizer que na falta do "vínculo de filiação" desapareça a obrigação alimentícia, muito embora talvez, a questão da herança pudesse ser afastada, mas isso já é outra história!

Entretanto, tal posicionamento não solucionou a questão referente à identificação de doenças genéticas, ficando ao encargo do Poder Judiciário identificar a melhor solução para cada caso. Desta forma, pode-se dizer que a norma protegeu de forma insuficiente o indivíduo, devendo o juiz recorrer a outros meio para solucionar-se a questão.

Didier apresenta a seguinte fundamentação seguida de uma solução que nos parece adequada, pelo menos em termos gerais e aplica-se, com algumas limitações, mesmo nos casos em que não há lei:

a) a proteção do segundo implica a negação do primeiro, o que vai de encontro ao princípio da salvaguarda do núcleo essencial do direito fundamental; b) a presunção judicial é mecanismo inútil e inadequado à tutela do direito fundamental à saúde e à vida; c) a singeleza do exame não caracteriza qualquer ofenda à integridade física ou à intimidade do demandado; d) o demandado não sofrerá qualquer prejuízo jurídico com a realização do exame, já que o objetivo não é atribuir-lhe o vínculo jurídico paternidade/maternidade; e) a recusa a submeter-se ao exame é, neste caso, abuso de direito, portanto, conduta ilícita; f) trata-se de interpretação a favor da efetividade de um direito fundamental que, de outro modo, não poderia ser adequadamente protegido judicialmente.[396]

Perceba-se, portanto, que não obstante os casos que levaram a modificação do Código Civil não tenham discutido, pelo menos não especificadamente, a respeito da vinculação dos particulares a direitos fundamentais, pode-se afirmar que se trata da aplicação direta de direitos fundamentais sociais que, mesmo de certa forma, obrigam o particular a um fazer e, via reflexa talvez, obrigam à prestação alimentícia que se presta, exatamente, para a garantia, pelo menos, do mínimo existencial dentro das possibilidades do alimentante e necessidade do alimentado.

Entretanto, pode-se vislumbrar ainda uma forte vinculação, em especial da legislação infraconstitucional com a patrimonialização dos direitos, eis que, conforme demonstrado, a presunção de paternidade poderá garantir pensão alimentícia (embora esta guarde íntima relação com a subsistência do alimentando) e direitos sucessórios, mas não o conhecimento de moléstias hereditárias.

Caso 2 "APELAÇÕES CÍVEIS. ALIMENTOS E HONORÁRIOS ADVOCATÍCIOS. APELO DA ALIMENTADA. MAJORAÇÃO. O valor arbitrado em sentença atende as necessidades básicas da recorrente, bem como as excepcionais advindas do

---

[396] DIDIER JÚNIOR, 2006, p. 177-180.

tratamento de saúde. *Deve, entretanto, o alimentante providenciar plano de saúde médico-hospitalar, que atenda adequadamente as condições de saúde da filha, em prazo de 30 dias, pena de complementação da prestação alimentar em mais dois salários mínimos mensais.* HONORÁRIOS SUCUMBENCIAIS. CRITÉRIO DE FIXAÇÃO. A verba honorária deve observar o ganho efetivo, calculada, portanto, sobre a anuidade do pensionamento. Precedentes deste Tribunal. APELAÇÃO DO ALIMENTANTE. MINORAÇÃO. O recorrente não comprova a impossibilidade de arcar com o valor do encargo alimentar, ao contrário, sua possibilidade vem retratada nas declarações de renda prestadas à Receita Federal. O pensionamento devido a outras duas filhas não compromete as condições do recorrente. APELO DA ALIMENTADA PARCIALMENTE PROVIDO E DESPROVIDO O DO ALIMENTANTE. UNÂNIME. (SEGREDO DE JUSTIÇA).[397]

No caso acima descrito, parece inicialmente tratar-se de uma ação de alimentos comum. Entretanto, o caso guarda suas peculiaridade que acabaram por gerar a obrigação do pai em fornecer um plano de saúde à filha, a despeito da existência do SUS que, teoricamente poderia suprir as necessidades da menor e ao não-requerimento da mãe representante do menor.

Evidentemente que, assim como nos outros casos trazidos à baila, a questão comporta uma série de considerações que não se limitam à análise que ora nos cingimos. Neste caso, o Poder Judiciário estabeleceu a obrigação do pai, a despeito do pedido da mãe-representante da menor – que era de aumentar o valor da pensão – em contratar um plano de saúde, eis que o estado de saúde da infante requeria tratamentos de forma constante. Assim, em que pese ser obrigação dos pais de assistir, criar e educar os filhos (art. 229 da CF) estando o "como", em princípio, resguardado à autonomia dos pais (desde que respeitados certos limites), com vista a garantir o direito à saúde da menor, o Poder Judiciário interveio e determinou, sob pena de "multa", o genitor a uma obrigação de fazer, mesmo sem pedido expresso neste sentido no processo.

Parece-nos, aqui, o caso típico da dimensão prestacional do direito à saúde com eficácia direta sobre os particulares por meio da aplicação do princípio da proporcionalidade em seu viés de proibição de insuficiência. Vejamos as etapas do princípio da proporcionalidade, ainda que de forma simplificada.

---

[397] RIO GRANDE DO SUL. Tribunal de Justiça. Sétima Câmara Cível. Apelação Cível n° 70010684942. Relator: Walda Maria Melo Pierrô. Julgado em: 23 fev. 2005.

Adequação: a obrigação de contratação de um plano de saúde para a menor se mostra adequada à garantia da qualidade e constância dos cuidados necessários à menor, já que a sua doença requeria cuidados especiais e constantes.

Necessária: a medida embora, restrinja a autonomia dos pais, e de certa forma da própria criança (já que devidamente representada), o faz para garantir a qualidade e constância de atendimento quando necessário, não deixando a menor guarnecida tão-somente pelo SUS frente as diversas e conhecidas dificuldades e carências do mesmo. Além disso, havia possibilidades econômicas do pai de suportar tal encargo.

Proporcionalidade em sentido estrito: o grau de restrição da autonomia dos pais justifica-se perante a garantia da saúde da filha. O benefício a ser auferido pela menor prepondera relativamente à autonomia dos pais, que sofreu uma limitação não comparável ao benefício.

Ademais e na esteira do já sustentado por Sarmento, podemos afirmar que a natureza da relação existente entre as partes é um dos elementos a serem considerados quando estamos a tratar da eficácia dos direitos fundamentais sociais nas relações entre particulares.[398]

2.6.2.5. Tabaco e direito à saúde

Partimos da descrição sintética de um caso: Fulano de Tal ingressa com ação contra determinada empresa produtora de cigarros visando à indenização em função de câncer adquirido após consumir cigarros por vários anos, sendo que os mesmos, inclusive, eram fornecidos pela própria empresa-Ré no tempo em que o autor lá trabalhava. "Observa que, embora tenha permanecido internado por trinta e três dias, iniciou o tratamento apenas em 28.06.2004, em decorrência da longa fila de espera. Afirma ser notória a dificuldade a que são submetidos os pacientes do Sistema Único de Saúde. Aponta que, além do tratamento quimioterápico, tem outras necessidades, as quais não tem condições de custear com seu benefício previdenciário. [...] Na contestação, a ré sustenta que fumar é uma opção livre e consciente, sendo que os indivíduos são responsáveis

---

[398] SARMENTO, 2004, p. 344.

por suas escolhas. Diz que as pessoas sabem que fumar implica diversos riscos para a saúde, mas ainda assim, fumam. Observa ser impossível que o autor desconhecesse os riscos inerentes ao cigarro quando iniciou a fumar. Frisa que inexiste ato ilícito, pois a fabricação e a comercialização de cigarros no país consiste numa atividade lícita e regulamentada. Destaca que aqui não se aplica a noção de responsabilidade pelo risco, uma vez que o cigarro é considerado um produto de risco inerente". A sentença foi julgada improcedente, tendo sido tal decisão mantida pelo Tribunal de Justiça do Rio Grande do Sul.

Do referido acórdão, percebe-se que a decisão foi calcada na análise das disposições do CC e do CDC, que dispõe ser necessário para a caracterização da indenização ato ilícito praticado pela parte-Ré. Além disso, aduz, ainda, que a empresa-Ré respeitou a Lei 9.294/96, que regulamenta o art. 199 da CF e que o Autor começou a fumar por livre e espontânea vontade, não tendo, portanto, como se falar em nexo de causalidade.

Em que pese, nossos parcos conhecimentos em matéria civil e consumerista, mas na linha do que vimos tentando sustentar, pergunta-se: Não seria necessária, pelo menos, uma releitura dos institutos indenizatórios quando se está a falar de direitos fundamentais ligados à vida e à dignidade humana? Mais, no caso *sub judice* não seria caso de recorrer-se a uma aplicação direta e imediata do direito à saúde a despeito de a empresa ter cumprido as normas impostas pelo legislador ordinário? Não poderia o juiz, em nome da proibição de insuficiência do legislador aplicar diretamente a Constituição no que diz com o direito fundamental à saúde e garantir uma melhor qualidade de vida ou pelo menos uma compensação pelos malefícios causados pelo uso do cigarro? Será que, somando-se a isso, acrescentarmos o princípio da solidariedade não poderia a empresa ser obrigada, frente aos lucros auferidos com a venda dos cigarros que, em determinadas situações as pessoas não desenvolvem nenhuma doença pelo uso do mesmo, a indenizar, ou mesmo a proporcionar um tratamento de saúde? Será que, sempre e sempre o Estado, no caso por meio do SUS, tem que, sozinho, arcar com este ônus?

Além disso, e a partir de outra decisão proferida no TJRS, "não é pelo fato de uma atividade ou produto serem considerados lícitos pelas leis do estado que os cidadãos consumidores que forem vítimas de malefícios ou prejuízos causados por tal atividade ou produto devam ficar desamparados juridicamente, e nem tampouco esse fato da licitude da atividade do produto torna os promotores da atividade ou produtores do bem, isentos de responsabilidade." Ademais, "A ilicitude da conduta, na hipótese, é prescindível". Como bem colocou o Exmo. Desembargador Luís Augusto Coelho Braga, em voto proferido nesta Colenda Câmara, "ocorre que, para que haja responsabilização civil, a conduta não precisa ser necessariamente ilícita, deve ser uma conduta que causa dano a outrem. O que está em jogo não é a natureza jurídica da conduta das empresas fabricantes de cigarro, mas sim os danos causados por essa conduta, seja ela lícita ou não". (APC 70012335311, 9ª Câmara Cível TJRS). Neste momento, apesar de timidamente, parece-nos que o eminente desembargador quis defender o direito à saúde, a despeito das normas que tratam a respeito da caracterização do dever de indenizar.

A questão é instigante e, por si só, reclamaria uma tese doutoral sobre o assunto, entretanto, cremos que sim, é possível, à luz do direito fundamental à saúde, em determinados casos, giza-se, aplicar diretamente a norma constitucional e obrigar o particular a uma prestação positiva/material mesmo que manifesta através de indenizações.

Interessante observar que nas manifestações doutrinárias e jurisprudenciais consultadas sobre o tema, verifica-se uma quase ausência de fundamentação à luz dos dispositivos constitucionais. Note-se que, com isso, não estamos propondo o abandono da legislação infraconstitucional, de forma alguma, mas tão-somente que se agregue conteúdo às mesmas de forma a garantir direitos tão caros.

No que diz com a dimensão da co-responsabilização daquele que fuma, de seu ato de vontade, a mesma, salvo melhor juízo, serviria para verificação do *quantum* da indenização, e não de critério para o reconhecimento da mesma. Até mesmo porque a legislação infraconstitucional somente autoriza a exclusão de responsabilidade no caso de culpa exclusiva da vítima, caso fortuito ou força maior, o que, conforme vimos, não restou caracterizado.

Considerações finais

A partir do exposto no trabalho, enunciamos:

1. A expressão *direitos humanos* não é sinônima de *direitos fundamentais*, seja no que diz com a terminologia, seja no tocante ao conteúdo, uma vez que o segundo possui uma determinação espacial e temporal que, em regra, não é atribuída aos Direitos Humanos.

2. Os Direitos Fundamentais, assim como a Constitucionalização do Direito, são frutos de transformações e anseios de cada momento histórico, marcadamente a partir da idéia de superação do homem tão somente individual, próprio do pensamento liberal e na noção de direitos não apenas contra o Estado, mas por meio dele.

3. Os direitos sociais são direitos fundamentais, pelo menos no âmbito da ordem jurídico-constitucional brasileira.

4. Além de uma dimensão subjetiva, os direitos fundamentais possuem dimensão objetiva que, entre outros efeitos, irradia todo o ordenamento jurídico, sendo, desta forma, um dos fundamentos da vinculação dos particulares a direitos fundamentais, sociais, inclusive.

5. O Direito à saúde é direito fundamental social quer pelo prisma formal, quer pelo prisma material, conforme se depreende do sistema constitucional brasileiro.

6. Os direitos fundamentais em geral, e o direito à saúde em particular, possuem uma dimensão positiva e negativa, implicando, portanto, a sua promoção e respeito, respectivamente, tanto pelos atores públicos quanto privados.

7. Somando-se à dimensão objetiva dos direitos fundamentais, mas também como elemento justificador da mesma, temos a premis-

sa da força normativa da Constituição, por sua vez também vinculada à noção de dignidade da pessoa humana que, cumulados com o princípio da solidariedade, parecem ser os elementos a fundamentar o porquê os direitos fundamentais vinculam também os particulares.

8. A partir da premissa de que os direitos fundamentais geram efeitos nas relações entre particulares, o ponto principal reside no modo pelo qual e nas espécies e intensidade dos efeitos.

9. A partir do art. 5º, § 1º, e em face da complexidade e diversidade de situações que envolvem a eficácia nas relações privadas sustenta-se, adotando a tese de Sarlet, uma eficácia direta *prima facie* de todos os direitos fundamentais, inclusive sociais, na sua dupla dimensão positiva e negativa.

10. Assim, a eficácia direta *prima facie* implica considerações de circunstâncias peculiares e uma metódica diferenciada (Canotilho). O princípio da proporcionalidade, a autonomia de vontade, a relação existente entre as partes, o equilíbrio/desequilíbrio entre elas, o impacto que a vinculação pode resultar e a existência de lei regulamentando a situação são elementos que devem ser considerados quando do estabelecimento da intensidade da eficácia.

11. As premissas anteriormente mencionadas aplicam-se também ao direito à saúde, na condição de direito fundamental social.

Referências

ABRAMOVICH, Victor; COURTIS, Christian. *Los derechos sociales como derechos exigibles.* Madrid: Trotta, 2002.

AGUILA-REAL Jesus Alfaro. Autonomia privada y derechos fundamentales. *Anuario de Derecho Civil*, v. 46, n. 1, ene./mar. 1993

ALEXY, Robert. Colisão de direitos fundamentais e realização de direitos fundamentais no estado de direito democrático. *Revista da Faculdade de Direito da UFRGS*, Porto Alegre, v. 17, p.267-279, 1999a.

_____. Colisão de direitos fundamentais e realização de direitos fundamentais no estado de direito democrático. *Revista de Direito Administrativo*, Rio de Janeiro, n. 217, p. 67-79, jul/set 1999b.

_____. *Teoria de los derechos fundamentales.* Madrid: Centro de Estudios Constitucionales, 1997.

_____. _____. Madrid: Centro de estúdios políticos y constitucionales, 2001.

ALVES DA FROTA, Hidemberg A universalidade dos direitos humanos no mundo islâmico. In: ANUÁRIO Mexicano de Direito Internacional. Disponível em: <http://www.juridicas.unam.mx/publica/rev/derint/cont/6/art/art2.htm> Acesso em: 7 fev. 2007.

AMARAL, Francisco. O Código Civil brasileiro e o problema metodológico de sua realização, do paradigma da aplicação ao paradigma judiciário decisório. *Revista da Ajuris*, Porto Alegre, v. 32, n. 100, p. 10-137, dez. 2005.

AMARAL, Gustavo. *Direito, escassez e escolha.* Rio de Janeiro: Renovar, 2001.

ANDRADE, Fábio Siebeneichler. *Da codificação: crônica de um conceito*: a descodificação. Porto Alegre: Livraria do Advogado, 1997.

ANDRADE, José Carlos Vieira. *Os direitos fundamentais na constituição portuguesa de 1976.* 2. ed. Coimbra: Almedina, 2001.

ANDRADE, José Fischel. O sistema africana de proteção dos direitos humanos e dos povos Disponível em: <http://www.dhnet.org.br/direitos/sip/africa/sistemaafricano.htm> Acesso em: 19 nov. 2006.

ARANHA, Márcia Nunes. As dimensões objetivas dos direitos e sua posição de relevo na interpretação constitucional como conquista contemporânea da democracia substancial. *Revista de Informação Legislativa*, Brasília, v. 35, n. 138, p. 217-230, abr./jun. 1998.

ARONNE, Ricardo. *Por uma nova hermenêutica dos direitos reais limitados: das raízes aos fundamentos contemporâneos.* São Paulo: Renovar, 2001.

BALDASSARRE, Antonio. *Los derechos sociales.* Colombia: Universidad Externado de Colômbia, 2001.

BARCELLOS, Ana Paula. O mínimo existencial e algumas fundamentações: John Rawls, Michael Walzer e Robert Alexy. In: TORRES, Ricardo Lobo (Org.) *Legitimação dos direitos Humanos.* Rio de Janeiro: Renovar, 2002. p. 11-49.

Direitos Fundamentais Sociais e Relações Privadas

BICUDO, Hélio. Defesa dos direitos humanos: sistemas regionais. *Revista Estudos Avançados,* n. 47, jan./abr. 2003. Disponível em: <http://portal.prefeitura.sp.gov.br/cidadania/cmdh/0018> Acesso em: 8 fev. 2007.

BIDART, Germán Campos. *Teoria general de los derechos humanos.* Buenos Aires: Astrea, 1991.

BILBAO UBILLOS, Juan Maria. Los derechos fundamentales em la frontera entre lo publico y lo privado. Madrid, 1997.

———. *La eficácia de los derechos fundamentales frente a particulares.* [s.n.t.]

———. ?Em qué medida vinculan a los particulares los derechos fundamentales?. SARLET, Ingo Wolfgang (Org) *Constituição, direitos fundamentais e direito privado.* 2. ed. Porto Alegre: Livraria do Advogado, 2006. p. 301-340.

BOBBIO, Norberto. *A era dos direitos.* Rio de Janeiro: Elsevier, 2004.

BONAVIDES, Paulo. *Do estado liberal ao estado social.* 6. ed. São Paulo: Malheiros, 1996.

BOROWSKI, Martin. *La estrutura de los derechos fundamentales.* Bogotá: Universidad de Columbia, 2003.

BRANCO, Paulo Gustavo Gonet. Aspectos de teoria geral dos direitos fundamentais. In: MENDES, Gilmar Ferreira et al. *Hermenêutica constitucional e direitos fundamentais.* Brasília: Brasília Jurídica, 2002.

———. Associações, expulsão de sócios e direitos fundamentais. *Revista Diálogo Jurídico,* Salvador, n. 13, abr./maio 2002. Disponível em: <http://www.direitopublico.com.br/PDF_13/DIALOGO-JURIDICO-13-ABRIL-MAIO-2002-PAULO-GUSTAVO-GONET.pdf> Acesso em: 19 jan. 2007.

CANARIS, Claus- Wilhelm. *Direitos fundamentais e direito privado.* Coimbra: Almedina, 2003.

———. A influência dos direitos fundamentais sobre o direito privado na Alemanha. In: SARLET, Ingo Wolfgang (Org.) *Constituição, direitos fundamentais e direito privado.* Porto Alegre: Livraria do Advogado, 2003. p. 223-243.

CANOTILHO, José Joaquim Gomes. *Direito Constitucional e Teoria Da Constituição.* 2. ed. Coimbra: Almedina, 1998a.

———. ———. 6. ed. Coimbra: Almedina, 2002.

———. ———. 7. ed. Coimbra: Almedina, 2004.

———. *Direito Constitucional e Teoria Da Constituição.* 6. ed. Coimbra: Almedina, 2002.

———. Tomemos a sério os direitos econômicos, sociais e culturais. Separata de: *Boletim da Faculdade de Direito de Coimbra,* Coimbra, 1988. número especial.

CARBONELL, Miguel. Las garantías de los derechos sociales en la teoria de luigi ferrajoli. *Anuario del Departamento de Derecho de la Universidad Iberoamericana,* n. 34, p. 301-333, 2004. Disponível em: <http://info.juridicas.unam.mx/inst/direc/public.htm?p=carbonel> Acesso em: 29 set. 2006.

CASTILLO, Luis Fernando ¿Existen los llamdos conflictos entre derechos fundamentales? *Cuestiones Constitucionales,* Córdova, n. 12, p. 99-129, ene./jun. 2005.

CLÉVE, Clemerson Merlin. A eficácia dos direitos fundamentais sociais. *Boletim Científico. Escola Superior do Ministério Público da União,* v. 2, n. 8, jul./set.2003.

———. Título. *Revista Crítica Jurídica,* n. 22, jul./dez. 2002. Disponível em: <http://www.unibrasil.com.br/publicacoes/critica/22/a.pdf#search=%22efic%C3%A1cia%20horizontal%20dos%20direitos%20fundamentais%22> Acesso em: 12 out. 2006.

CODERCH, Pablo Salvador, RIBA, Josep Ferrer. Asociaciones, democracia y dritwirkung. In: CODERCH, Pablo Salvador (Coord.) *Asociaciones, derechos fundamentales y autonomia privada.* [s.l.]: Cadernos civitas, [s.d.].

COMPARATO, Fábio Konder. *A afirmação histórica dos direitos humanos.* São Paulo: Saraiva, 1999.

CONSTITUIÇÃO de Ottawa. In: Primeira CONFERÊNCIA INTERNACIONAL SOBRE PROMOÇÃO DA SAÚDE, 1., 1986, Ottawa. Disponível em: <http://www.opas.org.br/coletiva/uploadArq/ottawa.pdf> Acesso em: 15 dez. 2005.

CONTRERAS, Francisco. *Derechos sociales:* teoria e ideologia. Madrid: Tecnos, 1994.

COSSIO DIAZ José Ramón. *Estado social y derechos de prestacion.* Madrid: Centro de Estúdios Constitucionales, 1989.

COSTA, Nilson do Rosário; CASTRO, Antônio Joaquim Werneck de. O regime regulatório e a estrutura do mercado de planos de assistência à saúde no Brasil. *Regulação e Saúde,* Rio de Janeiro, v. 3. p. 49-64, 2004.

DECLARAÇÃO de Constituição. In: CONFERÊNCIA INTERNACIONAL SOBRE PROMO-ÇÃO DA SAÚDE, 4., 1997, Indonésia. Disponível em: <http://www.opas.org.br/coletiva/uploadArq/Jacarta.pdf> Acesso em: 15 dez. 2005.

DEJOURS, Christophe. Por um novo conceito de saúde. *Revista Brasileira de Saúde,* São Paulo, p. 1-11, [s.d.]

DIDIER JÚNIOR, Fredie. A recusa da parte a submeter-se a exame médico: o art. 232 do Código Civil e o enunciado 301 da súmula da jurisprudência predominante do Superior Tribunal de Justiça. *Revista de Direito Privado,* São Paulo, n. 25, p. 177-180, jan./mar. 2006.

DIMOULIS, Dimitri Elementos e problemas da dogmática dos direitos fundamentais. In: SARLET, Ingo (Org) *Jurisdição e direitos fundamentais.* Livraria do Advogado, Porto Alegre, 2006. p. 71-98.

DOBROWOLSKI, Sílvio. Direitos fundamentais: a cláusula de expansão do art. 5°, § 2°, da Constituição de 1988 Disponível em: <http://www.revistadoutrina.trf4.gov.br/index.htm?http://www.revistadoutrina.trf4.gov.br/art.s/edicao011/rosanne_cunha.htm> Acesso em: 18 out. 2006.

DUARTE, Leonardo Avelino. Estudos sobre a posição hierárquica dos decretos legislativos que incorporam tratados. *Revista de Direito Constitucional e Internacional,* São Paulo, v. 10, n. 41, p. 69 –96, out./dez. 2002.

ESPADA, João Carlos. *Direitos sociais de cidadania.* São Paulo: Massao Ohno, 1999.

FACCHINI, Eugênio. Reflexões histórico-evolutivas sobre a constitucionalização do direito privado In: SARLET, Ingo Wolfgang. *Constituição, direitos fundamentais e direito privado.* Porto Alegre: Livraria do Advogado, 2003.

FARIAS, José Eduardo. O judiciário e os direitos humanos e sociais: notas para uma avaliação da justiça brasileira. In: *Direitos humanos, direitos sociais e justiça.* São Paulo: Malheiros, 1998.

FERNÁNDEZ SEGADO, Francisco. La dignidade de la persona como valor supremo del ordenamento jurídico español y como fuente de todos los derechos. In: SARLET, Ingo (Org) *Jurisdição e direitos fundamentais.* Livraria do Advogado, Porto Alegre,2006. p.99-128.

FERRAJOLI, Luigi. Sobre los derechos fundamentales. *Cuestiones Constitucionales,* n. 15, jul./ dic. 2006.

FERREIRA FILHO, Manoel Gonçalves. Os direitos fundamentais: problemas jurídicos, particularmente em face da Constituição brasileira de 1988. *Revista de Direito Administrativo,* Rio de Janeiro, v 1, n. 203, p. 1-10, jan./mar. 1996b.

––––. *Direitos humanos fundamentais.* São Paulo: Saraiva, 1996a.

––––. Tendências do direito constitucional contemporâneo. In: MARTINS, Ives Gandra. *Lições de direito constitucional em homenagem ao jurista Celso Bastos.* São Paulo: Saraiva, 2005. p. 937-939.

FERRERES COMELLA, Victor. *La eficácia de los derechos constitucionales frente a los particulares.* Disponível em: <http://islandia.law.yale.edu/sela/scomella.pdf> Acesso em: 23 ago. 2006.

FIORATI, Jete Jane. A evolução jurisprudencial dos sistemas regionais internacionais de proteção aos diretos humanos. *Revista dos Tribunais,* São Paulo, v. 84, n. 722, p. 10-24, dez. 1995.

FISCHER, Eduardo Ferreira. *Hermenêutica para vinculação dos particulares a direitos fundamentais.* 2005. Dissertação. (Mestrado em Direito) – Universidade de Santa Cruz do Sul, Santa Cruz do Sul, 2005.

Direitos Fundamentais Sociais e Relações Privadas

FRANÇA. *Constituição 1791.* Disponível em: <http://www.fafich.ufmg.br/~luarnaut/const91.PDF> Acesso em: 7 jan. 2007.

FREITAS, Paulo José Leite. *Invalidade do negócio jurídico de comercialização de células germinativas humanas.* Disponível em: <http://jus2.uol.com.br/doutrina/texto.asp?id=1849>

GALDINO, Flávio. O custo dos direitos. In: TORRES, Ricardo Lobo (Org.) *Legitimação dos direitos humanos.* Rio de Janeiro: Renovar, 2002.

GALLI, Maria Beatriz. Análise da eficácia jurídica dos direitos econômicos sociais e culturais no sistema interamericano de proteção dos direito humanos. *Revista Direito, Estado e Sociedade,* n. 12. Disponível em: <http://www.puc-rio.br/direito/revista/online/rev12_maria.html> Acesso em: 19 jan. 2007.

GARCÍA TORRES, Jesús; JIMÉNEZ BLANCO, Antônio. *Derechos fundamentales y relacciones entre particulares:* la drittwirkung em la jurisprudência del tribunal constitucional Madrid: Civitas, 1986.

GEHLEN, Gabriel Menna Barreto. O chamado direito civil constitucional. In: COSTA, Judith Martins. *A reconstrução do Direito Privado.* São Paulo: Revista dos Tribunais, 2002.

GRAU, Eros Roberto. *A ordem econômica na Constituição Federal de 1988.* 7. ed. São Paulo: Malheiros, 2002.

GUERRA FILHO, Willis Santiago. A dimensão processual dos direitos fundamentais e da constituição. *Revista de Informação Legislativa,* Brasília, v. 35, n. 137, p. 13-21, 1998.

GUSMÃO, Hugo César. Da caracterização histórica do direito moderno. *Dataveni@,* v. 5, n. 45, abr. 2001.

HESSE, Konrad. Elementos de direito constitucional na República Federal da Alemanha. Porto Alegre: Fabris, 1998.

——. *A força normativa da Constituição.*Porto Alegre: Fabris, 1991.

HOBSBAWN, Eric. *O breve século XX.* São Paulo: Companhia das Letras, 1995.

KRAUT, Alfredo Jorge. *Los derechos de los pacientes.* Buenos Aires, 1997.

KRELL, Andréas. *Os direitos sociais e controle judicial no Brasil e na Alemanha:* os (des)caminhos de um direitos constitucional comparado. Porto Alegre: Fabris, 2002.

LEAL, Rogério Gesta. A efetivação do direito à saúde: por uma jurisdição-serafim: limites e possibilidades. *Revista Interesse Público,* Porto Alegre, v. 8, n. 38, p. 63-76, 2006.

——. *Perspectivas hermenêuticas dos direitos humanos e fundamentais no Brasil.* Porto Alegre: Livraria do Advogado, 2000.

LIMA JÚNIOR, Jayme Benvenuto. *Os direitos humanos econômicos sociais e culturais.* Rio de Janeiro: Renovar, 2001.

LINETZKY, Andrés Jana. La eficácia horizontal de los derechos fundamentales. Disponível em: <http://islandia.law.yale.edu/sela/sjana.pdf> Acesso em: 8 fev. 2007.

LÔBO, Paulo Luiz Netto. Constitucionalização do direito civil. *Revista de Informação legislativa,* Brasília, v. 36, n. 141, p. 99-109, jan./mar. 1999.

LOCKE, John. *Segundo tratado sobre o governo civil e outros escritos.* Rio de Janeiro: Vozes, 1994.

LONGO, Ana Carolina Figueiró; BRAYNER, Antônio de Arruda; PEREIRA, Arthur Cesar de Moura Pereira *Antecedentes históricos e jurídicos dos direitos humanos.* Disponível em: <http://www.dhnet.org.br/dados/cursos/dh/br/pb/dhparaiba/1/antecedentes.html#4> Acesso em: 5 jan. 2007.

LOPES, Ana Carlina. *A eficácia dos direitos fundamentais sociais frente à reserva do possível.* 2006. Dissertação. (Mestrado em Direito) – Faculdade de Direito, Universidade Federal do Paraná, Curitiba, 2006.

MAC CRORIE, Benedita Ferreira da Silva. *A vinculação dos particulares a direitos fundamentais.* Coimbra: Almedina, 2005.

MACIEL AVILA, Marcelo R. Anderson. A garantia dos direitos Fundamentais Frente as emendas constitucionais. *Revista dos Tribunais,* São Paulo, v. 89, n 790, p. 29-46, out. 2000.

MAPULANGA-HULSTON, Jackbeth K. Examining the justiciability of economic, social anda cultural rights. *The international Journal of Human Rights*, v. 6, n. 4 p.29-48, winter 2002.

MARÉS FILHO, Souza Carlos Frederico. O direito constitucional e as lacunas da lei. *Revista de Informação Legislativa*, Brasília, v. 34, n.133, jan./mar, 1997.

MARQUES, Cláudia Lima. Conflitos de leis no tempo e direito adquirido dos consumidores de planos de saúde e seguros de saúde. In: *Saúde e responsabilidade*: seguros e planos de assistência privada à saúde. São Paulo: Revista dos Tribunais, 1999.

MARTINS-COSTA, Judith. O direito privado como um sistema em construção. *Revista de Informação Legislativa*, Brasília, v. 35, n. 139, p. 5-22, jul./set. 1998.

――. Os direitos fundamentais e a opção culturalista do novo código civil. In: SARLET, Ingo Wolfgang (Org.) *Constituição, direitos fundamentais e direito privado*. Porto Alegre: Livraria do Advogado, 2003.

MELLO, Celso Bandeira de. Eficácia das normas constitucionais. *Revista de Direito Público*, São Paulo, v. 14, n. 57-58, p. 233-256, jan./jun. 1981.

MENAUT, Antonio Carlos Pereira. *Leciones de teoria constitucional*.Madrid: Colex, 1997.

MENDES, Gilmar Ferreira. *Cláusulas pétreas ou garantias constitucionais?* Disponível em: <http://campus.fortunecity.com/clemson/493/jus/m12-017.htm> Acesso em: 16 jan. 2007a.

――. Direitos fundamentais: eficácia das garantias constitucionais nas relações privadas: análise de jurisprudência da corte constitucional alemã. In: MONTEIRO, M.L.G. *Introdução ao direito previdenciário*. São Paulo: LTR, 1998.

――. A eficácia dos direitos fundamentais nas relações privadas: exclusão de sócio da união brasileira de compositores. (RE 201,819) *Revista da Ajuris*, Porto Alegre, v. 32, n. 100, p. 139-151, dez. 2005.

――. Teoria da legislação e controle de constitucionalidade: algumas notas. *Jus Navigandi* Disponível em: <http://jus2.uol.com.br/doutrina/texto.asp?id=107> Acesso em: 16 jan. 2007b.

MENDONÇA, José Vicente dos Santos. Vedação do retrocesso: o que é e como perder o medo. *Revista de Direito da Associação dos Procuradores do Novo Estado do Rio de Janeiro*, Rio de Janeiro, v. 13, p.205-236, 2003.

MICHELON, Cláudio. Um ensaio sobre a autoridade da razão no direito privado. *Revista da Faculdade de Direito da UFRGS*, Porto Alegre, v. 21, p. 101-112, 2002.

MIRANDA, Jorge. *Manual de direito constitucional* 3. ed. Coimbra: Almedina, 2000. v. 4: Direitos fundamentais.

――. Sobre a reserva constitucional da função legislativa. In: MIRANDA, Jorge. *Perspectivas constitucionais nos 20 anos da constituição de 1976*. Coimbra: Coimbra, 1997. v. 2. p. 883-1014.

MORAES PEÑA, Guilherme Braga. *Dos direitos fundamentais*: contribuição para uma teoria. São Paulo: LTR, 1997.

MORAES, José Bolzan de. O direito da saúde. In: SCHWARTZ, Germano (Org.) *A saúde sob os cuidados do direito*. Passo Fundo: UPF, 2003.

NABAIS. *Algumas reflexões sobre os direitos fundamentais*. Disponível em: <http://www.geocities.com/imagice/arti0509.htm> Acesso em: 9 out. 2006.

NEGREIROS, Tereza. *Teoria do contrato*: novos paradigmas. 2. ed. São Paulo: Renovar, 2006.

NEUNER, Jörg. Os direitos humanos sociais. SARLET, Ingo (Org.). *Anuário da Ajuris*,2004-2005. Porto Alegre, 2006.

NOVAIS, Jorge Reis. Renúncia a direitos fundamentais. In: MIRANDA, Jorge. *Perspectivas constitucionais nos 20 anos da Constituição de 19676*. Coimbra: Coimbra, 1996. v. 1, p. 263-335.

NUNES, Luiz Antônio Rizzato. *Cometários à lei de Plano Privado de Assistência à saúde*. 2 .ed. São Paulo: Saraiva, 2000.

――. *O princípio constitucional da dignidade da pessoa humana*. São Paulo: Saraiva, 2002.

Direitos Fundamentais Sociais e Relações Privadas

PASUKANIS, E.B. *A teoria geral do direito e o marxismo*. Rio de Janeiro: Renovar, 1989.

PECES BARBA, Gregório *Curso de derechos fundamentales*. teoria general. Madrid: Boletín Oficial del Estado, 1995.

——. Los derechos económicos, sociales y culturales: su génesis y su concepto. *Revista del Instituto Bartolomé de Las Casas*, v.3, n. 6, feb. 1998.

——. *Escritos sobre derechos fundamentales*. Madrid: Eudema, 1988.

PEREIRA, Jane Reis Gonçalves. Apontamentos sobre a aplicação das normas de direito fundamental nas relações jurídicas entre particulares. In: BARROSO, Luis Roberto. *Apontamentos sobre a aplicação das normas de direito fundamental nas relações jurídicas entre particulares*. São Paulo: Renovar, 2006.

PETTERLE, Selma Rodrigues. *O direito fundamental à identidade genética na Constituição brasileira de 1988*. Porto Alegre: Livraria do Advogado, 2007.

PILAU SOBRINHO, Liton Lanes. O direito à saúde em um contexto autopoiético. In. SCHWARTZ, Germano (Org.) *A saúde sob os cuidados do direito*. Passo Fundo: UPF, 2003. p. 90-107.

PINTO, Paulo Mota. *O direito ao livre desenvolvimento da personalidade*. [s.l.]: [s.n.], 2000.

PIOVESAN, Flávia. *Direitos humanos e o direito constitucional internacional*. 2. ed. São Paulo: Max Lemonad, 1997.

——. *Organismos e procedimentos internacionais de proteção dos direitos econômicos, sociais e culturais*. Disponível em: <http://www.puc-rio.br/sobrepuc/depto/direito/revista/online/rev12_flavia.html> Acesso em: 8 set. 2006.

PISARELO, Gerardo. *Vivienda para todos:* um derecho en (de)construcción: El derecho a uma vivienda digna y adecuada como derecho exigible. Barcelona: Içaria, 2003.

PRZEWORSKI, Adam; WALLERSTEIN, Michael. O capitalismo democrático na encruzilhada., *Novos Estudos CEBRAP*, São Paulo, n. 22, out. 1988.

RAMOS, Carmem Lucia Silveira. A constitucionalização do direito privado e a sociedade sem fronteiras. In: FACHIN, Luiz Edson. *Repensando fundamentos do direito civil brasileiro contemporâneo* São Paulo: Renovar, 2000.

REIS, Jorge Renato dos. A vinculação dos particulares a direitos fundamentais nas relações interprivadas: breves considerações. In: LEAL, Rogério Gesta; REIS, Jorge Renato. *Direitos sociais e políticas pùblicas*. Santa Cruz do Sul: EDUNISC, 2005. t. 5. p.1497 -1514.

——; FISCHER, Eduardo Ferreira. Hermenêutica para vinculação dos particulares a direitos fundamentais. In: LEAL Rogério Gesta; REIS, José Renato dos. *Direitos sociais e políticas pùblicas. desafios contemporâneos*. Sana Cruz do Sul: EDUNISC, 2006. v. 6. p. 1643-1671.

REIS, Sebastião Alves. Uma visão do direito: direito público e direito privado. *Revista de Informação Legislativa*, v. 35, n. 137, p. 63-67, jan./mar. 1998.

RODRIGUEZ OLVERA, Oscar Rodríguez. Teoria de los derechos sociales en la constitución abierta. Granada: Comares, 1997.

RUBIN, Daniel Sperb. Direito privado e Constituição: contratos e direitos fundamentais. *Revista do Ministério Público*, Porto Alegre, n. 44, p. 8-121, jan./mar. 2001.

RUSCHEL, Ruy Ruben. A eficácia dos direitos sociais. In: *Direito constitucional em tempos de crise*. Porto Alegre: Sagra Luzzato, 1997. p. 137-154.

SARLET, Ingo Wolfgang. Constituição e proporcionalidade: direito penal e os direitos fundamentais entre a proibição de excesso e de insuficiência. *Revista Brasileira de Ciências Criminais*, São Paulo, v. 12, n. 47, p. 60-122, mar./abr. 2004.

——. *Dignidade da pessoa humana e direitos fundamentais na Constituição Federal de 1988*. 5. ed. Porto Alegre: Livraria do Advogado, 2005a.

——. Direitos fundamentais e direito privado: algumas considerações em torno da vinculação dos particulares a direitos fundamentais. In: SARLET, Ingo. *A constituição concretizada:* construindo pontes com o público e o privado. Porto Alegre: Livraria do Advogado, 2000. p. 107-165.

——. Direitos fundamentais sociais, mínimo existencial e direito privado. In: SARMENTO, Daniel; GALDINO, Flávio (Org.) *Estudos em homenagem ao Prof. Ricardo Lobo Torres*. São Paulo: Renovar, 2006a.

——. Os direitos fundamentais sociais como cláusulas pétreas. *Revista de Interesse Público*, Porto Alegre, n. 17, p. 56-74, 2003a.

——. O direito fundamental à moradia na Constituição. *Arquivos de Direitos Humanos*, São Paulo, v. 4, p. 137-191, 2002.

——. O direito público em tempos de crise. In: SARLET, Ingo Wolfgang (Org.) *Os direitos fundamentais sociais na Constituição de 1988*. Porto Alegre: Livraria do Advogado, 1999a. p. 129-173.

——. *A eficácia dos direitos fundamentais*. 3. ed. Porto Alegre: Livraria do Advogado, 2003b.

——. ——. 5. ed. Porto Alegre: Livraria do Advogado, 2005b.

——. ——. 6. ed. Porto Alegre: Livraria do Advogado, 2006c.

——. O estado social de direito, a proibição de retrocesso e a garantia fundamental da propriedade. *Revista da Faculdade de Direito da UFRGS*, Porto Alegre, v. 17, p.111-131, 1999b.

——. *Proibição de retrocesso, dignidade da pessoa humana e direitos sociais*: manifestação de um constitucionalismo dirigente possível. Disponível em: <http://www.tex.pro.br/wwwroot/01de2006/proibicao_ingo_wlfgang_sarlett.pdf#search='proibi%C3%A7%C3%A3o%20de%20retrocesso'> Acesso em: 18 out. 2006c.

SARMENTO, Daniel. *Direitos fundamentais e relações privadas*. Rio de Janeiro: Lúmen Júris, 2004.

——. A vinculação dos particulares a direitos fundamentais no Direito comparado e no Brasil. In: BARROSO, Luis Roberto. *Apontamentos sobre a aplicação das normas de direito fundamental nas relações jurídicas entre particulares*. 2. ed. São Paulo: Renovar, 2006.

SARRUBO, Mariângela. A saúde na Constituição Federal e o contexto para recepção da Lei 9.656/98. In: *Saúde e responsabilidade: seguros e planos de assistência privada à saúde*. São Paulo, Revista dos Tribunais, 1999.

SCHAFER, Jairo Gilberto. *Direitos fundamentais. proteção e restrição*. Porto Alegre: Livraria do advogado, 2001.

SCHIMTT, Cristiano Heineck. A invocação dos direitos fundamentais no âmbito das pessoas coletivas de direito privado. *Revista de Informação Legislativa*, Brasília, v. 37, n. 145, p. 55-70, jan./mar. 2000.

SCHWARTZ, Germano. Gestão compartida sanitária no Brasil: possibilidade de efetivação do direito à saúde. In: SCHWARTZ, Germano (Org.) *A saúde sob os cuidados do direito*. Passo Fundo: UPF, 2003. p. 108-162.

——. *O tratamento jurídico do risco no direito à saúde*. Porto Alegre: Livraria do Advogado, 2004.

SILVA, Alceu Alves. A relação entre as operadoras do plano de saúde e os prestadores de serviços: o novo relacionamento estratégico. *Regulação e Saúde*, Rio de Janeiro, v. 3, n. 2, p. 104-175, 2004.

SILVA, Guilherme Amorin Campos da. Sistema Constitucional dos direitos fundamentais. In *Lições de direito constitucional em homenagem ao jurista Celso Bastos*. São Paulo: Saraiva, 2005.

SILVA, José Afonso da. *Aplicabilidade das normas constitucionais*. 3. ed. São Paulo: Malheiros, 1999.

——. *Curso de direito constitucional positivo*. 22. ed. [s.n.t.]

SILVA, Luis Renato Ferreira da. A função social do contrato no novo Código Civil e sua conexão com a solidariedade social. In: SARLET, Ingo Wolfgang (Org.) *O novo Código Civil e a Constituição*. Porto Alegre: Livraria do Advogado, 2003. p. 127-150.

SILVA, Virgílio Afonso. *A constitucionalização do direito: os direitos fundamentais nas relações entre particulares*. São Paulo: Malheiros, 2005.

SIMIONI, Rafael Lazzaroto *et al.* Cláusulas gerais e sensibilidade comunicativa: direito fundamentais privados na sociedade global. *Revista de Direito Privado*, São Paulo, n. 25, p. 250-267, jan./mar. 2006.

SOMBRA, Tiago. *A Eficácia dos Direitos Fundamentais nas relações jurídico-privadas:* a identificação do contrato como ponto de encontro dos direitos fundamentais. Porto Alegre: Fabris, 2004.

SOUZA, Ielbo Marcus Lobo; KRETSCHEMANN, Ângela. A universalidade dos direitos humanos no discurso internacional: o debate continua. In: *Anuário do Pós Graduação da Unisinos.* São Leopoldo, 2003. p.117-142.

STEINMETZ, Wilson Antônio. *Colisão de direitos fundamentais e princípio da proporcionalidade.* Porto Alegre: Livraria do Advogado, 2001.

———. *A vinculação dos particulares a direitos fundamentais.* São Paulo: Malheiros, 2004.

SUNSTEIN, Cass. Social and economic rights? lessons from South Africa. In: *Designing democracy: what constitution do.* New York: Oxford University , 2001. p. 221-237.

TEPEDINO, Gustavo. A incorporação dos direitos fundamentais pelo ordenamento brasileiro: sua eficácia nas relações jurídicas privadas. *Revista da Ajuris*, Porto Alegre, v. 32, n. 100, p. 153-167, dez. 2005.

TORRES, Ricardo Lobo. A cidadania multidimensional na era dos direitos. In : TORRES, Ricardo Lobo (Org.) *Teoria dos direitos fundamentais.* Rio de Janeiro: Renovar, 1999.

———. A metamorfose dos direitos sociais em mínimo existencial. In: SARLET, Ingo Wolfgang (Org.) *Direitos fundamentais sociais:* estudos de direito constitucional, internacional e comparado. São Paulo: Renovar, 2003. p. 1-46.

UNIÃO Européia, Mercosul e a proteção dos direitos humanos: notas de palestra. SEMINÁRIO DIREITOS HUMANOS E MERCOSUL, 2000, São Paulo. Disponível em: <http://www.dhnet.org.br/direitos/mercosul/mercosul/saboia_uemerc.html> Acesso em: 8 fev. 2007.

WOLKMER, Antônio Carlos. *História do direito no Brasil.* São Paulo: Forense, 2005.

Impressão:
Evangraf
Rua Waldomiro Schapke, 77 - P. Alegre, RS
Fone: (51) 3336.2466 - Fax: (51) 3336.0422
E-mail: evangraf.adm@terra.com.br